On Dialogue

ダイアローグ

対立から共生へ、
議論から対話へ

デヴィッド・ボーム 著
David Bohm
金井真弓 訳
Mayumi Kanai

EIJI PRESS

ON DIALOGUE, 2/E

by

David Bohm & Lee Nichol

本書の発行に寄せて――ピーター・センゲ（ＭＩＴスローンスクール上級講師）

デヴィッド・ボームの小論『ダイアローグ』を再読することは、私にとって大切な贈り物の包み紙を開けるようなものだ。だから、ボームのこの著名な作品の新版に序文の執筆を依頼されたことは、名誉であるばかりでなく、すばらしい機会でもあった。

私がボーム夫妻に初めて会ったのは、一九八九年半ば、マサチューセッツ工科大学においてだった。その頃、この小論のもとになったような会話が交わされた。我々は対話について何時間も語り合った。そのときの話し合いが記録されていたらよかったのにと、私はしばしば思った。というのも、深遠な話の数々を間違いなく耳にしたのに、覚えていられるのはわずかだとわかっていたからだ。微粒子のようなデヴィッドの感覚は、目の粗い織物さながらの私の精神ではとらえきれなかったのである。当時の私にはあまり理解できなかった大半の事物が、本書で説明されていると思うし、今は多くの人にもっと理解してもらえることを願っている。

その話し合い以来、対話を実践する真剣な取り組みが、さまざまな環境で行われている(1)。そして、対話という考え方もかなり浸透してきた。対話を売り文句にした会合も多い。たとえば、「投資家たちの対話」、「異業種間の対話」、「市民の対話」といったように。そうした例を一つあげよう。コフィー・アナン国連事務総長とその同僚が、社会的・環境的・人権的な基準を向上させるために、世界中の企業間の協力を促進する、国連グローバル・コンパクトを提唱したときのことだ。主な要素の一つは「政策対話」だった。それは「複雑な問題を革新的に解決するために」[2]企業や労働者、市民団体などに対話を促している。多くの企業において、日々の経営の中に対話の習慣を組み入れる努力が真剣に行われている状況である――たとえば、会議の始めか終わりに、各出席者の考えや感情を順番に聞くことなど。ある世界的な多国籍大企業では、「集団指導体制」を育てる必要性を示す一方法として、数年にわたって毎月、「議題のない」対話会議を上級副社長が開いている。

こうした状況はすべて、直面している複雑な問題には、従来の基準よりも話に深く耳を傾ける態度や、よりオープンなコミュニケーションが要求されるという事実に、組織や社会が気づき始めたことを示す。「自分が勝って、相手が負ける」という政策や階層的な権威は、地球規模での気候の変化や広がりつつある貧富の差、遺伝子工学におけるジレンマといった事態にはまったく不適切なのだ。「当てこすり合戦をする」人々は、相互理解、共通の願望、協働的アクションが必要とするネットワークといったものを育てようとしないだろう。あらゆる機関の内外で、従来の考え方に代わるものが求められている。

このように対話への関心が高まっているため、本書の再出版は実に時宜にかなっていると言えよう――ボームにとって対話とは何だったのか、対話によってどんな変化が生まれるかということをより広く認識してもらえるなら、なおさらである。それを目標として支持こそしたが、ボームにとって対話とは、より生産的な会話のための、より優れた方法というだけではなかった。熟考を促すための単なる一方法でないのも同様である。企業や主な組織の効率性を高めるだけの方法でなかったことも確かで、そして、これはボームの考えとまったく相反する目標だった。なぜなら、そうした組織の効率化をさらに助長すれば、地球規模での産業開発という、従来から問題となっている傾向を加速させかねないとボームは知っていたからだ。

ボームにとって、「暗黙の領域」とは社会を一つにするものであり、彼が奨励した変化はこの領域で展開されねばならないのである。「思考は暗黙の領域から生まれてくる」とボームは述べている。「そして、思考におけるあらゆる根本的な変化が、暗黙の領域から現れるだろう」と。機能している社会には「一貫性のある《コヒーレント》」暗黙の領域が必要だが、それが今日では失われていると、ボームは繰り返し強調する。「意味の共有は、社会を一つに接合する、まさにセメントのような役目を果たしている。現在の社会には非常に質の悪いセメントしかないと言っていい……一般的に社会が持っている意味は非常に一貫性のない《インコヒーレント》ものである。実のところ、この〈意味の共有〉があまりにもインコヒーレントなため、なんらかの意味が本当にあるとは言いがたい状態だ」

真の対話の理解は、ボームにとって「一貫性のないこと《インコヒーレンス》（非干渉性）」というものの意味を理解し始めることだった。これは社会批評家にはなじみのない用語だろうし、社会活動家にはなおさら無縁のものだろうが、物理学者にとっては普通の言葉である。レーザーは光線が「可干渉性《コヒーレンス》」であるために莫大なエネルギーを生み出すが、「非干渉性《インコヒーレンス》」の電球ほどの出力も必要としないだろう。しかし、このたとえが実社会においてどんな意味を持つのか？

ボームは話の中で何度も、多様な見解をただ存在させておくことという、対話における課題を持ち出している。我々は習慣的に、自分の見解を守ったり、自分の見解に一致するものに賛成したり、あるいは自分の見解と異なるものに反対したりしている。そうした習慣があまりにも強いので、多様な見解の存在をただ認めることは、不可能と言っていいほど難しい。ボームはこう述べている。「対話の何よりの障害となるものは、想定や意見に固執し、それを守ろうとすることだ」。判断を下し、それを守りたいという、この本能は、生物学的に遺伝する自衛のメカニズムの中に組み込まれているが、これこそがインコヒーレンスの源泉なのである。

個人的な意図は、確固としたものになるとき、インコヒーレントになり始める。過去の意味が現在の状況に入り込んでくると、インコヒーレンスは増大する。こうした状況が進むうち、昨日はただの考えにすぎなかったものが、今日では定説となってしまう。その過程で本来の意味が失われる場合が多い。こういった事態が集団で起きると、社会は幻影に支配されるようになり、神聖な真実として現在に押しつけられた、過去からの空虚な神話に左右されることになる。こうした状態が、壮大な規模でのインコヒーレンスにつながっている。また、人々を互いから切り離し、人々がそこで生活しようとしている、さらに大きな現実からも彼らを切り離してしまう思考や行動のパターンへつながるのだ。

見過ごされたインコヒーレンスは、やがて不条理へと発展する。ボームは精神障害のある少女を扱った精神科医に関する話を取り上げている。少女は誰とも話そうとしなかったが、とうとう感情を爆発させたとき、自分が話さないのは「おじさんが嫌いだから」だと精神科医に言った。どれくらいの間、僕を嫌うつもりかと精神科医に尋ねられた少女は答えた。「一生」と。「一生って、いつまでかな?」と彼に尋ねられ、少女は自分の態度の不条理さに突然気づいた。そして声をあげて笑いだし、彼女の怒りは消えたのである。しかし、文化によって広く共有された不条理さに気づくのは、これほど容易ではないかもしれない——そんな不条理さの例をあげよう。有限な地球で、物質的生産(そして材料浪費)における経済成長が、永遠に続くふりをすること。ますます致命的になり、入手しやすくなった兵器技術を伴う国家安全保障が、世界の片側だけで達成されていること。もしくは、生活の速度が無制限にスピードアップされること——あるティーンエイジャーがこう表現したように。「みんなますます速く走り続けて、そのうち誰も行きたがらないような場所に着くんじゃないかな」

言い方を変えよう。ボームが悟っていた、核となる問題は、変化する世界の中での共存方法を我々が知らないということだ。わかっているのは、昔からの真理に基づいた暮らし方だけである。それは今日の場合、一つの集団が自分たちの真理を他の集団に押しつけようとする結果になることを避けられない。こうした状況を他者に認めるのは容易である——たとえば、現代の民主的社会の崩壊を目的とする、狂信的な「テロリスト」や急進的な原理主義者の場合なら、すぐにわかるだろう。しかし、唯一の正しい生き方として、自分たちの真理を押しつけようとする「民主的な原理主義者」の場合はそれらとどう違うというのか？　核となる信念に固執し、インコヒーレンスを生む態度は、いわば現代世界における風土病だとボームは悟っていた。彼はアインシュタインとボーアに関する、なんとも痛ましい話を語っている。初めは温かな友情を分かち合っていたアインシュタインとボーアだが、のちには口もきかなくなった。「二人には話すことがなかったからだ。彼らはそれぞれ自分の意見が真実だと感じていたため、どんな意見も共有できなかったのである」。これほど頭脳明晰な二人でも、凝り固まった考えにそこまで悩まされるなら、そんな状態を逃れられる者はいないだろう。

　逆に、コヒーレントな考え方や行動が集団的にできるのは、意味の流れが本当にある場合に限られる。それはさまざまな見解が存在することを受け入れ、自分の見解を正当化する姿勢を排除する取り組みから始まる。しかし、一貫性《コヒーレンス》のあることとは、不変の状態というよりも生き方のことであり、それが意味する課題をボームはよく知っていたのだ。

　第一に、ボームは科学者として、社会のインコヒーレンスが、現代の世界で神聖視されている西欧の科学的な合理主義から切り離せないことを認識していた。大半の科学者は原理主義の概念を非難するだろうが、より大きな社会で科学界が役割を果たす方法は、科学者が支持した開放性とは矛盾している。ボームはこう述べる。「ある意味で、科学は現代の宗教的存在になっている。人々に真実を与えるという、かつて宗教が担っていた役割を科学が演じているのだ」。この知的な原理主義が、大半の者の目には見えていない。というのもそれは、現代社会の大部分が共有する文化的な想定に根深く組み込まれたものだし、どう挑むべきかもわからないからである。我々は学校教育の初期の段階から、科学者とは「物事が実際に働く仕組み」を教えてくれる人だと習う。ボームにとって、問題は現代科学のあり方に起因していた。「(科学者たちは)科学が真実に——唯一の真実に——到達しつつあるという概念に根拠を置いている。そのため、対話という考え方は、現代の科学の構造にはいくぶん異質なものである。宗教についての考えと同じように」。ボームは「唯一の真実」を探求することが、人々を結びつけるよりも、むしろ分離させる可能性を生むと知っていた。チリの生物学者であるウンベルト・マトゥラーナはこう述べている。「人が他の人に『真実』というものを語るとき、彼らが実際に行っていることは、服従を求めることである。自分たちには真実を見る特権があると主張しているのだ」

ボームにとって対話とは、真実へ通じるこれまでとは違う道を、まったく異なった真実の概念を提供するものだった。「あらゆる意味がコヒーレントなものにならない限り、真実にたどりつけない」と彼は言う。よりコヒーレントに意味を共有した、さらに広い領域を作れば、真の意味で洞察力に富んだ新たな理解が、不意に現れる場合も多いかもしれない。ボームはこう述べている。「真実とは、意見から生まれるのではなく、別のものから生まれると思われる——おそらく暗黙的な心のもっと自由な活動から」。さらに彼は続ける。「真実を明らかにしたい、あるいは真実を共有したいというなら、意義をコヒーレントなものにしなければならない」

この奇妙な表現、「真実を共有」することが、ボームの根本的な考えの二つ目を指し示しているように思われる。これは全体を理解するという意味である。還元主義者による科学は、分離された事物を理解する上で強い力を持っており、新しいテクノロジーのような新規のものを作り出すためにこの考え方が適用されている。しかし、それが有効なのは、対象を「断片化★」、または分離化できる場合に限られる。全体的なものに直面したとき、あるいは強力な相互依存の状況において、その状況を理解して効果的な行動をとる必要に迫られたときには役に立たなくなり、機能不全の状態に陥るかもしれない。現代の世界が目覚しいほどの技術的な進歩をさらに遂げながらも、共存についてはますます無力になっているのはこうしたことが原因である。

ボームによると、根本的な問題は以下のことである。「〈全体〉という考え方はあまりにも範囲が広い。思考が全体を把握することはあり得ない。思考は何かを抽象化するだけだからだ。限界があり、範囲を定めている」。抽象VS全体の認識というこの考え方は、ユダヤ人の実存主義者であるマルティン・ブーバーによって見事に述べられている。一人の人間の全体を理解することの意味、また、人を「汝《なんじ》」として見ることについて彼はこう語る。(3)

ひとりのひとにたいし、わたしの〈なんじ〉として向かい合い……そのひとは、ものの中の一つのものではなく、ものから成り立っている存在者でもない……そのひとは、他の〈彼〉〈彼女〉と境を接している〈彼〉〈彼女〉ではない……それどころか、そのひとは隣をもたず、つながりを断ち切っている〈なんじ〉であり、天を充たしている。

メロディーは音から成り立っているのではなく、詩は単語から成り立っているのではなく、彫刻は線から成り立っているのではない。これらを引きちぎり、ばらばらに裂くならば、統一は多様性に分解されてしまうにちがいない。このことは、わたしが〈なんじ〉と呼ぶひとの場合にもあてはまる。わたしはそのひとの髪の色とか、話し方、人柄などをとり出すことができるし、つねにそうせざるを得ない。しかし、そのひとはもはや〈なんじ〉ではなくなってしまう。

『汝と私・対話』（植田重雄訳、岩波書店、一九七九年）から引用

全体を理解する方法は、抽象概念からではなく、参加というものを通じて生じるとボームは信じていた。「違った種類の意識が我々の間で可能になる。それは〈参加意識〉である」。真の対話においては「各自が参加し、グループの中に存在する意味全体を分かち合い、さらに活動に加わる」。これはボームが警告しているように、必ずしも楽しいものではない。我々が生きている実社会の現状には、美と同様に苦痛が、無条件の愛と同様に深い怒りがつきものである。もし、全体の中に存在するいかなるものからでも距離を置けば、人はそれに参加できない――そして、事物を抽象化したり、判断したり、または自分を正当化しようとしたりする姿勢に戻っていく。「私はそんな人間ではない」とか、「彼は悪人だが、私は善人だ」、あるいは「彼女には状況がわかっていないが、私にはわかっている」などと言って。

対話を生み、いっそうコヒーレントで暗黙的な見地へ向かうための、最初の入り口がここにある。真実に参加するには、自分の一部がその真実の中にあることに気づかねばならないのだ。自分自身から分離した「善人」も「悪人」もいない。現代社会の一員として、価値を認めるものにせよ、忌み嫌うものにせよ、存在を生じさせる力を創造することに誰もが参加しているのである。詩人のマヤ・アンジェロウは、自分の心に折り合いをつけて、目覚めた体験について語っている。十代のとき、アンジェロウは家庭内レイプに遭った。最終的に、この出来事を受け入れるため、彼女はレイプ犯を突き動かした感情と暴力を、自身の心の中と同じように見つめたのだった。この話をするとき、アンジェロウはテレンス・アファーの言葉を引用して締めくくることが多い。テレンスは古代ローマに奴隷として連れてこられたアフリカ人で、最後には自由の身となった人物である。「私は人間だ。人間に関わることであれば、私には無関係でない」。これが、真実に参加するということなのだ。

要するに、デヴィッド・ボームが基本的な目標としたのは、これまでと異なった、より実行可能な方法での共生の実現だった。相互依存が増えている世の中で、こうした行動がとれない人間は、高まりつつある対立に向かうことを避けられないとボームは知っていた。彼は学者として、参加型の世界の理解に生涯を捧げた。人としては、現代が危機的状況にあることにより、参加型思考の理解を人類の問題の中心と考えるという、独自の機会が人々に与えられたと信じていた。ボームを現実離れした理想家として片づけるのは簡単である――彼の言葉によれば、こんなことを思い描いていたのだから。「私の知る限り、実際には存在したことのない種類の文化である……（たとえ存在したとしても）はるか昔に違いない」。しかし、対話の可能性と課題にこの十五年間取り組んできた経験により、私はボームをかなり違う観点で見るようになっている。デヴィッド・ボームを、並外れた現実家と呼びたい。今の人類が直面している類《たぐい》の世界的規模の窮地に陥った社会が、かつてなかったことをボームは知っていた。そして、我々が手を携えて、自分たちの存在に革新的な変化を起こさなければ、危機を乗り切れないだろうということも彼にはわかっていたのである。

二〇〇四年一月十三日

組織学習協会（ＳｏＬ）、マサチューセッツ工科大学（ＭＩＴ）　ピーター・Ｍ・センゲ

（１）マサチューセッツ工科大学（ＭＩＴ）と組織学習協会（ＳｏＬ）を通じて行われた調査については、Ｗ・アイザックスの著書、『Dialogue and the Art of Thinking Together: A Pioneering Approach to Communicating in Business and in Life』（ニューヨーク、Currency、一九九九年）に記されている。

（２）www.globalcompact.org参照

（３）Ｍ・ブーバー『汝と私・対話』（植田重雄訳、岩波書店、一九七九年）

★　宇宙を分割して考える見方。自分を他人や自然から切り離されたものとする見方。

Contents
もくじ

On Dialogue

by

David Bohm

"People say, 'All we really need is love.'
If there were universal love, all would go well.
But we don't appear to have it.
So we have to find a way that works."

INTRODUCTION
イントロダクション——編者 リー・ニコル

『ダイアローグ』は、デヴィッド・ボームが単純に「対話」と述べたもののプロセスを、順を追って見るための、最も理解しやすい資料である。同じ題名の元の小冊子を改訂増補した本書は、対話に携わることに関心を抱く人向けの、実用的な手引きを目指している。また、対話についてのボームの見解をより深く探ることに関心を抱く人に、理論的な基盤を提供する狙いもある。対話という行為は文明そのものと同じくらい古いが、「対話」という言葉をめぐって、さまざまな演習やテクニック、定義づけといった活動が盛んに見られるようになったのは最近である。こうした取り組みのどれ一つとして、「正しい」見解が主張できていない。とはいえ、多様な見解を認め、それぞれの意図を明確にするのは可能である。そのため、最新版となる本書では、この分野におけるデヴィッド・ボームの業績の基礎を成す意味や目的、独自性を明らかにしている。

ボームが考えたように、対話とは多角的なプロセスであり、会話形式の専門用語や交流といった、典型的な概念だけを指すのではない。対話は、人間的な経験という、並外れて広い範囲を探るプロセスなのだ。つまり、それは人が確固として持っている価値観であり、情動の本質や強さである。また、思考プロセスのパターンであり、記憶という機能であり、受け継がれてきた文化的な神話を意味するものでもある。そして、その時々の体験を神経生理学が体系化している方法でもあるのだ。おそらく何よりも重要なのは、思考——ボームの考えによれば、現実を客観的に描写したものというよりは、本質的に有限な媒体——が集団的なレベルで生まれ、持続していく方法を、対話が探ることだろう。探るためには、文化や意義や自己認識と見なされている、強力な想定に疑問を投げる必要がある。つまり、対話は最も深い意味において、人間とは何かという従来の定義が適切かどうかについての判断を促し、より人間的であることの可能性を集団で探るように促しているのだ。

理論的な物理学者としての経歴を通じて、ボームは次のことを念頭に置いていた。すなわち、「真実」を追究すると主張しているにもかかわらず、科学的な試みは、個人的な野心や、理論を頑なに固守しようとする態度、伝統の重みといったものにしばしば影響される、ということだ――そのどれもが、科学にとっての共通目標への、創造的な協力という姿勢がなおざりにされたものである。ボームはそうした観察に基づき、矛盾する意図や行動といった、似たような罠に一般の人々の大半が陥りがちであるとしきりに述べた。こうした矛盾は科学に悪影響を与えるだけでなく、さまざまな意味で社会や個人の断片化にも通じるとボームは感じていた。彼の見解によると、そのような断片化は文化的・地理的な区別の発生に影響を及ぼしている。また、それが広がるにつれて、人々は断片化の状態へ順応するようになってきたのだ。

ボームは断片化の意味を明らかにするため、壊れてばらばらになった腕時計の例をよく用いた。ばらばらの破片は、腕時計を作っていた部品とはまったく異なっている。部品同士は互いに不可欠な関係にあり、結果として機能的な全体が形作られている。一方、破片は互いに本質的な関係を持ってはいない。それと同様に人の思考プロセスは、一般的に世界を断片的な方法で理解する傾向がある。「実際には分かれていないものまでばらばらにされてしまうのだ」とボームが言うように。彼が述べるところによれば、そうした認識によって必然的に、いくつもの国家や経済、宗教、価値体系が世界に現れることになる。また、部分的には社会秩序に従っていても、基本的にはそれぞれの意見が食い違う「自己」も生まれてくる。そこで、対話においてのボームの主要な目的は、こうした断片化の動きを明らかにすることである――理論的な分析としてだけでなく、経験に基づく、具体的なプロセスとして。

表面的に見れば、対話とは比較的容易な活動に思われる。十五人から四十人（ボームは人数が大事だと述べている）で形成されるグループが、自主的に集まる。初めの数回でプロセスの性質が明確にされたあと、グループはどのような方向性をとるかという問題に直面する。あらかじめ議題を決めずに集まるため、好ましい話題を一つ（またはいくつか）定めるには、いくらか時間がかかるかもしれないし、ある程度の欲求不満も生じるだろう。こういった初期の段階では、進行役の存在が役に立つ。しかし、進行役はできるだけ早くその役割から離れ、グループ自らに計画を立てさせるべきだ。過去の例によると、そうしたグループが定期的に集まり続ければ、次第に考え方の相違が現れ始めるという。相対立する価値観の間に現れるこのような摩擦が、対話の核心である。参加者たちは個人的なものも含めて、想定がグループの中を動いていることに気づかされる。こうした想定の力を認識し、「ウイルスのような」その本質に目を向ければ、人の思考プロセスの多くが断片的で自己破壊的な性質を持っていると、新たに理解できるかもしれない。そう理解できたなら、自己防衛的な態度は消え、自然な温かさや仲間意識といった性質がグループに浸透するだろう。

もし、こういった話がどれも少しばかり安易すぎ、少々型にはまりすぎるように聞こえるとしたら、それは確かに正しい。こんな展開が実際に起こりうることは、世界の多様な地域に存在する、多数の人の経験から示されているが、結果は決して保証されているわけではないのだ。対話グループが、A地点からB地点への移動といった一方通行の動きをすることはめったにない。むしろ動きは反復されるのが普通で、思いがけない劇的な変化に続いて、欲求不満や退屈、動揺が、終わりのないサイクルで現れる。そのときでさえ、対話の創造的な可能性——意識のさらに深い構造をあらわにする能力——は、参加者本人が持続的かつ真剣に対話を行うかどうかにかかっている。対話において、ある人の想定や反応の傾向に含まれる微妙な意味を把握するには、かなりの注意力が要求される。一方、グループ全体に現れる、同様の傾向も察知しなければならない。そのような注意力や覚識《アウェアネス》は、蓄積された知識や技術ではないし、対話の中に現れそうなものを「正す」目標も持っていない、とボームは強調した。むしろ、それはリラックスした性質の中立的な好奇心で、できるだけ物事を新鮮かつ明確に見るというのが主な活動である。対話のもっと実用的な内容にはあまり触れずにそうした注意力を育てることが、対話プロセスへのボームの取り組みの中心的な要素となっている。

ボームは人の思考が扱いにくくてインコヒーレンスであることを懸念し、同様の見解を抱くさまざまな人たちと意見を交わした。中でも著名な相手は、インドの教育者で哲学家でもあった

J・クリシュナムルティである。特に二つのテーマが共通の懸案事項で、それは対話に関するボームの見解の、追加的な要素として現れている。一つは、思考の問題が個人的なものというより、本質的には集団的なものだという可能性である。もう一つは、「観察者と観察されるもの」の逆説《パラドックス》だ。これは精神の真の性質を理解するのに、従来の内省や自己改善といった方法が適切ではないことを告げている。

さらにボームは、英国の精神科医であるドクター・パトリック・ド・メールとともに、コミュニケーションと対話の性質について調べた。ド・メールがいくつもの集団において調査を行った、多数の考え方のうちの二点が、対話についてボームが展開する概念の中に見てとれる。「非個人的な共同体」という概念は、集団という状況では、各メンバーが個人的な背景を詳しく分かち合わなくても、真の意味での信頼や開放性が生まれるというものである。それに加えて、「ミクロ文化」という理論は、二十人以上の人々から成るグループの中に、文化全体のサンプルと言えるものが存在していることを示す。その結果、そうしたグループには多様な見解や価値体系が提供されている。

同時に、ボームは継続的な調査にも没頭した。彼は妻のサラルとともにヨーロッパや北アメリカ中を旅して、科学的かつ哲学的な課題の講演をいくつも行った。そうした講演の一つ、一九八四年の春に英国のミクルトンで行われたものは、対話についてさらに二つの特徴を生み出す糸口を提供した――グループ内での意味の共有という概念と、あらかじめ目的や議題を設定せずに対話する、ということである。ボームはこの講演の意義を次のように述べている。

その週末は、いくつかの講演や、内容に重点を置いた有益なディスカッションへの期待とともに始まった。そして次第に、より重要なものが確かに関わりを持っていることが表面化してきた――すなわち対話そのもののプロセスが、参加者全員の間に存在する、自由な意味の流れであるとわかったのだ。初めのうち、人々は見解を変えようとせず、自分の意見に固執する傾向にあった。しかし、のちには、どんな見解を維持するよりも、グループ内の友好的な感情を維持するほうが重要であることが彼らにも明らかになった。そうした友好的な感情は、ある意味では非個人的な性質を備えている。というのも、それは参加者同士が個人的に親しくなって生まれたものではないからである。このようにして、対話プロセスの中で絶えず形が変わっていく、共通の意味の発展に基づいた、新たな考え方が生まれ始める。人々はもはや最初のような対立関係になく、互いに影響されるわけでもない。常に発展し、変化していく可能性がある、共通の意味を持った集まりに参加しているのだ。こうして発展していくグループに、あらかじめ設定された目的はないが、自在に変化する目的はそのつどひとりでに現れてくるかもしれない。こんなふうにグループは、活動的な新しい関係を展開し始める。そこでは誰でも話すことができ、どんな内容も排除されない。これまでのところ、ここで述べたような対話の可能性を我々はまだ探り始めたばかりだ。だが、このような方向に沿って進んでいけば、人間関係が

変わるだけでなく、そういった人間関係が表れる意識の本質さえも変わっていく可能性が開かれるだろう。(1)

ここにはきわめて重要な定義がある。対話は、意識それ自体の理解を目的としたものだということだ。日々の人間関係やコミュニケーションにおいて、問題がある性質を探るのと同様に。この定義は、対話の主要な構成要素のための基本、いわば基準点を提供している。

とはいえ、ボーム自身は、対話とは相手と向かい合うという直接的なプロセスであって、きりのない理論づけや推量によって混乱させられるべきではないと強調した。抽象概念や円滑なデジタル表現が加速化している時代において、おそらく最も急進的なものは、日常的に体で感じる不自由な問題に立ち向かうことに固執した、ボームのこの態度だろう。

デヴィッド・ボームは一九九二年に亡くなるまで、対話についての考え方に磨きをかけ続け、最後の数年間には新たな題材を生み出していた。また、一九七〇年までさかのぼる、彼の資料がかなり存在するが、それは対話の発展と理論的な基盤に直接的な影響を与えるものである。そうした資料から選んだものを一つにまとめたのは本書が初めてであり、この分野におけるボームの業績のさらなる研究に寄与するだろう。

本書の素材となったものには、二通りの背景がある。第一章の「コミュニケーションとは何か」

と第四章の「問題とパラドックス」は、一九七〇年と一九七一年にそれぞれボームが執筆した小論である。どちらも元は、英国のクリシュナムルティ財団の会報に載せられたものだ。残りの資料は主として、一九七七年から一九九二年の間にカリフォルニア州のオーハイで開かれた講演会や、小規模のグループ・ミーティングからとったものである。つまり本書は、即興のプレゼンテーションと、意識的に考え抜かれた小論から成り立っている。意図したのは、対話への一般的な手引きとなることである。そして、対話の理論での中心的なテーマのいくつかと関連性のある章を載せた。そこで読者は、第二章の「対話とは何か」を入門編として用いて、対話に関するこの小論ではごく部分的にしか触れられなかった問題をより深く探るため、他の章を参照するといいだろう。

第一章の「コミュニケーションとは何か」においては、初期の頃にボームが公式化した、対話というものへの見解がうかがえる。特に、科学者や芸術家の仕事、日常的なレベルでのコミュニケーションに入り込んだ「類似点と相違点」に関しては鋭敏な内容である。この小論の「聞くこと」の扱い方には先見の明があろう。「聞くこと」は対話プロセスの中でしばしば誤解されている問題だ。対話における「聞くこと」とは、グループのメンバーの言葉や意図に徹底して注意深く、共感的な態度で接することを意味する場合が多い。それも確かに対話の一部であるが、ボームがここで大まかに述べたのは、話を聞くときに相手の言う意味を誤解すると、たちまち新たな意味が生じるということである。この点の把握は、やがてボームが対話での「意味の流れ」と呼んだものを理解する上で欠かせない。

第二章の「対話とは何か」は、対話プロセスの包括的な概観と論拠、対話プロセスに詳細に取り組むための実践的な手順を述べている。対話のいくつかの基本――想定を保留すること、鋭敏さ、「必要性」という衝動――が紹介され、説明される。その上、対話の中で現れるかもしれない問題について調べ、プロセスそのものをより深く理解するために、こうした問題を実際にどう扱うかについての提案もされている。ボームはまた、「対話のビジョン」と呼ぶものを紹介する――我々はうわべだけのグループ活動に陥りがちだが、もし、自分たちの間に存在する問題の本質に立ち向かうことができれば、グループを知的な共同体に変えられるのである。

ボームは「集団思考の本質」の章で、「知識の集積」――潜在的なものと顕在的なものの双方――という行為が、人類の進化を通じて行われてきたと提示している。ボームによれば、この知識の集積のおかげで、世の中を認識する力や、我々が出来事に与える意味、個人という感覚そのものが生じたという。そうした知識または思考は、個人において独自な動きをするか、あるいは特定の文化で一様な動きをする――一種のウイルスのように。こうした観点から見ると、かなり個人的な分析を通じて、もしくは非常に有害な性質を「他の」集団や個人のせいにすることによって、問題を解決しようとする試みは妥当と言えない。新しい方法を用いて、思考の動きに関心を向け始めることが必要だとボームは主張している。以前は見過ごされた点を調べるために。ボームは、源が絶えず汚染されている川をたとえとして使って、「下流」で汚れを取り除いても、問題が本当の意味では解決されないことを指摘する。真の解決策は、源で汚染を生み出しているものに取り組むことなのである。

思考に発生するこうした汚染の一面を説明するため、知覚が取り入れたものが記憶と溶け合い、その時々の経験において人を導く描写を生む様子を、ボームは探っている。こうした描写を形成することは自然であり、必要でもある。にもかかわらず、これは集団的なインコヒーレンスの中心に位置するプロセスなのだ。ボームによれば、ここでの本質的な問題は、自分の描写したものが現実の真の姿だ、と人が自動的に思い込むことである。単に記憶に基づく相対的な行動指針であるとは見なさないのだ。描写されたものを根本的な真実であるとひとたび仮定すれば、それらは現実として「現れ」る。そして、我々はそれに従って行動する以外に方法がなくなるのである。ボームは、描写のプロセスを修正する試み（不可能かもしれないが）をやめようと提案している。そして、いかなる描写——本能的に「現実」として認識されるもの——も、現実や真実から隔たったものかもしれないという事実に、慎重に注意を向けるべきだ、と。そうした見方をすれば、我々には反射的な知性——根本的に誤った描写に気づき、それを排除できる一種の識別能力——というものが備わるかもしれない。そして、新たな描写を形成する上で、より厳格な態度をとれるだろう。おそらく最大の難題は、暗黙のうちに形成されて、集団的に支持されている、こうした描写に従うことだとボームは言う。

ボームは「問題とパラドックス」の章でこう指摘している。実際的あるいは技術的な面での活動では、対処したい問題の定義から始め、解決策を体系的に適用するのが普通だ、と。しかし、人間関係の面においては、内面的あるいは対外的に解決すべき「問題」を提起すると、根本的に矛盾した構造が作り出されることになる。解決すべき「事物」が人から自立した実際的な問題(たとえば、遠洋航行船の構造を改良することなど)とは異なり、心理的な難問にはそうした主体性がない。もし、自分がお世辞に弱いことに私が気づき、これを解決すべき問題として提示したら、「自分自身」と「お世辞の影響を受けやすい性質」とを心の中で区別するだろう。実際には、そうした区別は存在しないのだが。そして内心では、自分が少なくとも二つの部分から成り立っているように思うはずだ。それは、お世辞を信じたいという衝動と、信じたくないという衝動である。こうして私は矛盾を土台として進み、技術的な問題とはまったく違う性質の「問題」を「解決」しようとする、混乱したサイクルを生み出す結果となる。実を言えば、起きている事柄は逆説《パラドックス》であって、「問題」ではないと、ボームは述べる。パラドックスには目に見えるような解決策がないため、新しい取り組みが求められている。すなわち、「問題」を根絶しようとするのではなく、常にパラドックスそのものに注目するということだ。ボームの観点によると、問題とパラドックスとの間の混乱が、個人レベルから地球規模に至るまで、社会全体に作用しているという。「見るものと見られるもの」の章では引き続き、内面的な経験のパラドクシカルな性質について探られている。ボームは具体的に「中心に実在するもの」、すなわち「自己」という事象に触れているが、これは観察し、行動しているのは自分自身だということである。たとえば、自分が怒っていることに私が気づいたとしよう。すると「私」は「私の怒り」を別のものに作り変えようとするかもしれない。こうなると差異が現れてくる。つまり、観察者である「私」と、観察されるもの――「怒り」――とが存在することになるのだ。この観察者が主として、想定や経験――怒りも含めて――という動きであると、ボームは述べている。しかし、観察者が「実在」するのは、慣習や、注意の欠如、または文化による統一見解などに起因しているようだ。内面の実在というこの感覚は、非常に高い価値をもたらす。その結果、あらゆる「問題」を内側からも外側からも見られるような、防御的な作用が「観察者」に働く。だが、観察者そのものの本質について絶え間なく考えさせることはない。心の活動範囲のこうした限界は、一般的に思考がインコヒーレンスである要因の一つと見なされている。

「保留、肉体、自己受容感覚」の章では、認識のさまざまな局面を探っている。そうした認識には、集団的な意見という重圧や、根拠薄弱な表現、観察者と観察されるものとの幻覚などによって引き起こされた混乱を、切り抜ける可能性がある。ボームはこう述べている。自分自身でも、または対話の状況においても、想定を「保留」しておくことは可能である、と。たとえば、あなたが誰かを愚か者だと感じたとしよう。あなたが想定を保留するとは、①愚か者だ、と声に出して言うのをやめる、②そんなことを考えるべきではない、と自分に言い聞かせるのをやめる、ということである。この方法によって、「君は愚か者だ」と考えることによる影響（扇動、怒り、敵意）は当然の成り行きを避けられる。ある意味では、そうした方法をとると、想定を充分に理解するというよりは、ただ眺めるだけの行為が可能になる。別の言い方をすれば、想定や反応を目の前に掲げて保留するとは、そうした行動を抑えたり、やり遂げたりすることではなく、充分に関心を向けることなのである。

保留という活動を行う中で、肉体の果たす役目は非常に重要だ。もし、強烈な衝動が保留状態に置かれれば、体に反応が現れることは避けられまい――血圧が上がり、アドレナリンが噴出し、筋肉が緊張するといった状態になる。同様に、感情面にも反応が現れるだろう。ボームの観点によると、こうした構成要素――思考、感情、肉体的反応――は実際のところ、切り離すことのできない全体的なものである。しかし、それらは別々のものに見えることによって、互いに支え合っている――こちらでは思考し、あちらではいらだたしい思いをするというように。そして、観察者はこうしたすべてのものを、どうにか処理しようと躍起になっているのだ。このような活動の基礎を成すものは、どの問題も、どこか「他のところにある」、何か「他のもの」に引き起こされるという想定である。

そこでボームは、「思考の自己受容感覚」によって、こうした混乱のサイクルを直接的に理解することが可能になるかもしれないと提案する。生理学的に見ると、肉体は自己受容感覚のおかげで、その活動の迅速な反応を得ている。たとえば、人は肉体の動きをじかに自覚しなくても、階段を上り下りするのが可能である。さらに、自分の体から発生したものと、外部から来たものとを明確に区別できる。もし、あなたが自分の腕を動かせば、誰かに腕を動かされているという印象を、間違って受けることはない。しかし、最近、人は思考の動きについてそうした迅速な反応ができなくなっている。したがって、自分の外側で発生したものがわからない場合が多い。もとを正せば、それは思考が作り出すものなのだが。ボームはこう述べている。想定の保留を基本とすれば、肉体の場合と同様に、思考の動きは自己受容的なものへ変わることが可能になるだろう、と。

「参加型思考と無限」の章は、ボームが「具体的思考（literal thought）」と呼ぶものと「参加型思考（participatory thought）」と呼ぶものとの関係を追求している。「具体的思考」とは、実践的な結果志向の考え方であり、その目的は事物を「ありのままに」、そして明確な状態で個別に形作ることだ。科学的思考や技術的思考は、「具体的思考」が現代において形を変えたものである。

ボームはこう述べている。文明が始まって以来、「具体的思考」のほうが優勢であったとはいえ、人類の進化を通じて形成されてきた、もっと原始的な形の知覚は我々の意識構造の中に潜在的に残っている——ときには活動的になることもある——と。ボームが「参加型思考」と呼んだこの思考は、以下のようなものだ。すなわち、個々の境界は通り抜けられるものとして感じられ、事物は互いに潜在的な関係を持ち、目に見える世界の動きはきわめて重要な本質に参加している感覚を与える、というのである。今日でも、「参加型思考」の特徴が残る部族の文化は多いと、ボームは述べている。

ボームは「参加型思考」が予測や過失の影響を受けやすいと認めながらも、この思考の核心に、

「具体的な」知覚ではたいてい手が届かない、人間関係の積み重ねを理解する能力があることを主張する。実を言えばボームは、「参加型思考」という考え方が、彼の描いた「内蔵秩序」の概念とあまり変わらないと述べている。「内蔵秩序」においては、永久に続く「包み込み」と「抜き出し」のプロセスを通じた、さらに深遠な自然の秩序の動きという一時的な特徴として、明白な世界の現象は理解されている。ボームによれば、考慮すべき重要な点は、「具体的思考」にも「参加型思考」にも長所や限界があることだ。彼は両方の思考の関係が適切になるような、新たなものの追求を訴えているが、それには対話が最もふさわしいという。

最後に、ボームは彼が「無限」と表現したものを思考がとらえられるかどうかという点に疑問を投げている。思考は有限の抽象概念を世の中から選択することが本質であるため、「人間が存在する根拠」――これは無限のものだが――に、真の意味では決して近づけない。しかし同時に、人間には存在の「宇宙的な面」を理解したい、関わりを持ちたいという本質的な欲求がある。我々の経験とは明らかに接点のないこの欲求に近づくため、ボームは注意力というものを提案している。それなら思考と違って制限がなさそうだし、「無限」の精妙な本質をとらえられるのではないか、というのだ。

こうした探求についての言葉は、どうしても隠喩的で推論的なものになりがちである。とにかく、世の中の断片化をいくらかでも終わらせるつもりなら、意識の本質と「存在の根拠」を追求し続けることが重要だ、とボームは主張する。人の思考プロセスがインコヒーレンスな原因は、自然の不変の法則においてではなく、この断片化の中にあるというのがボームの固い信念だった。彼はインコヒーレンスの追求がたどり着くかもしれないところに、限界を設けようとしなかった。また、個人と集団、そして人類の宇宙的な面との間に明確な区切りをつけることも望まなかった。こうした点において、対話——偽りの知識の限界が常に試される場である——は、コミュニケーションの新たな秩序の可能性と、自分自身や仲間、そして我々が住む世界との関係についての可能性を与えているのである。

リー・ニコル

一九九五年十一月
ニューメキシコ州、ヘメス・スプリングスにて

（1）デヴィッド・ボーム『Unfolding Meaning』（ラウトリッジ社、一九八七年）一七五頁

謝辞

ハニガン夫妻の良きユーモアと技術的な協力、そして原稿を作成する上での解説に感謝する。早い段階で草稿を読んでくれた、サラル・ボーム、クローディア・クラウス・ジョンソン、メアリー・ヘレン・スナイダーにもお礼を申し上げたい。「コミュニケーションとは何か」の原稿を発見してくれた、アリータ・グリフォーに感謝する。また、最初の小冊子の出版を思いついてくれたジェームズ・ブロツキーとフィルディア・フレミングにもお礼を言いたい。

サラル・ボーム、アーサー・ブレイバーマン、テレサ・ブラ・リチャーズ、エイドリアン・ドリスコル、デヴィッド・ムーディ、そしてリン・パワーズに心からの感謝を捧げる。重大な岐路で支えてくれた彼らのおかげで、デヴィッド・ボームの著作を広く読者に紹介できる運びとなったのである。

1

On Communication

コミュニケーションとは何か

この数十年、ラジオやテレビ、飛行機や人工衛星といった近代テクノロジーのおかげで、コミュニケーションのネットワークは発達し、世界のどこにいても、ほとんど瞬時に他の場所と連絡がとれるようになった。だが、こうした世界的な連絡システムにもかかわらず、今この時点においても、空前の規模でのコミュニケーションの崩壊が、いたるところで起きつつあると誰もが感じている。異なった経済事情や政治体制を持つ、異なった国に住む人々の間では、衝突せずに話すこともできない状態だ。同じ国の中でも、社会階級や経済状態、政治的信念が違うグループ同士では、やはり互いが理解し合えない状態に陥っている。それどころか、範囲が限られた集団の中でさえも、人々は「ジェネレーション・ギャップ」を口にする。表面上を別にすれば、年配者と若者がコミュニケーションをとれない状態なのだ。さらに学校や大学では、実生活には不向きと思われる大量の情報を教師から押しつけられていると、学生たちは感じがちである。そして、ラジオやテレビ、あるいは新聞や雑誌で報じられている内容はたいていの場合、良くても雑学の寄せ集めか、関連性のない断片に近い。最悪の場合は、混乱や間違った情報を与える、実に有害な根源になりうることもしばしばである。

以上のような問題への不満が広まっているため、現在では一般に「コミュニケーションの問題」と呼ばれている事態の解決について、関心が高まってきた。だが、この問題を解決しようとする努力を観察すれば気づくだろうが、同じ試みをしているはずの異なったグループ同士が、実のところ互いの話に耳を傾けられずにいる。その結果、コミュニケーションを向上させようという試みそのものが、さらなる混乱を招くことが多い。そして当然ながら欲求不満が高まり、人々は、理解し合い信頼し合う代わりに、いっそう好戦的で暴力的な方向へ進んでしまう。

コミュニケーションが崩壊しつつある事実や、それを避けるための現在の努力が崩壊に拍車をかけがちだという事実に注意を払えば、人は考えるのを一時中断してこんな自問をするのではなかろうか。もっと慎重なやり方なら、コミュニケーションの問題は発生しないのではないか、と。何が問題かを説明する上で、これまではそうした繊細な方法がとられていなかった。コミュニケーションについて考えたり語ったりする上での大雑把で無神経な方法が、現在の問題を解決するための知的な行動を見つけられない大きな要因である可能性はないだろうか?

この問題の議論を始めるには、「コミュニケーション(communication)」という言葉の意味を考えることが役立つかもしれない。これの元になったのは、ラテン語の「commun」と、「何かをさせる、やらせる」を意味する、「fie」と同様の接尾辞の「ie」だ。だから「コミュニケートする(伝える)」という言葉の意味の一つは、「何かを共通のものにする」である。すなわち、ある人から別の人へ、できるだけ正確に情報や知識を告げるという意味だ。これは、コミュニケーションを広い視野でとらえた場合にふさわしい。このように、なんらかの活動の方法に関する一連の指示を、ある人が他の人へコミュニケートするといったことは可能だ。大半の産業やテクノロジーは、間違いなくこうしたコミュニケーションに頼っているだろう。

とはいえ、これだけでは、コミュニケーションという言葉が表す意味のすべては網羅されていない。たとえば、対話《ダイアローグ》について考えてみよう。対話では、人が何かを言った場合、相手は最初の人間が期待したものと、正確に同じ意味では反応しないのが普通だ。というより、話し手と聞き手双方の意味はただ似ているだけで、同一のものではない。だから、話しかけられた人が答えたとき、最初の話し手は、自分が言おうとしたことと、相手が理解したこととの間に差があると気づく。この差を考慮すれば、最初の話し手は、自分の意見と相手の意見の両方に関連する、何か新しいものを見つけ出せるかもしれない。そのようにして話が往復し、話している双方に共通の新しい内容が絶えず生まれていく。したがって対話では、話し手のどちらも、自分がすでに知っているアイデアや情報を共有しようとはしない。むしろ、二人の人間が何かを協力して作ると言ったほうがいいだろう。つまり、新たなものを一緒に創造するということだ。

だが、そうしたコミュニケーションで新しいものが創造されるのは、人々が偏見を持たず、互いに影響を与えようとすることもなく、また、相手の話に自由に耳を傾けられる場合に限られる。まずは話し手の双方が、真実と、一貫性《コヒーレンス》のあることに関心を持つことが大事だ。古い考えや意図を捨てて、これまでとは異なったものに取り組もうという心の準備ができるように。しかし、話し手のどちらも、それがまるで情報の項目であるかのように、考えや観点を伝えることだけを望むなら、失敗は免れないに違いない。というのも話を聞くほうは、語り手の考えという、一種のふるいにかけられたものを聞いているからである。それは話が真実か否か、首尾一貫しているかどうかという点と無関係に、語り手が維持したい、守りたいと思う内容になっているのだ。その結果、当然ながら混乱が起き、先に指摘されて論じられたような、解決不能な「コミュニケーションの問題」へとつながる。

ここまで述べたような意味で、コミュニケーションが生活のあらゆる面で不可欠のものなのは明らかである。人々が協力し合おうとする（すなわち、文字通り「ともに働く」）なら、何かをともに創造できなければならない。互いに話し、行動する中で、具体化されたものを作り出さねばならないのだ。受動的な道具となって従う人々に、一人の権威者が物事を伝達するという形は望ましくない。

一般的には無生物や自然との関係においてすら、コミュニケーションとよく似た要素が含まれている。たとえば、芸術家の仕事を考えてみよう。芸術家は自己を表現している、つまり、すでに自分の内面に形作られたものを、文字通り「外に押し出している」という言い方は適切だろうか？　実のところ、総じてそうした表現は正確でもないし、妥当でもない。むしろ初めのうち芸術家は、自分の心の中にあるかもしれないものと、似た行動をとっているだけの場合が多い。二人の人物が会話していると、話し手は互いの類似点や相違点に気づくだろう。そう気づくことによって、次の行動へつながるものがさらに生まれてくる。このように、何か新しいものが絶えず生まれるという状態は、芸術家と、その対象物にも共通している。

科学者も似たような「対話《ダイアローグ》」を、自然を相手に行っている（人との対話もだが）。たとえば、科学者がある考えを思いついた場合、それは観察によって確かめられる。観察されたものが（よくある話だが）科学者が心に描いたものと似ているだけで、正確には同じと言えない場合、その類似性や相違性を考慮すれば、新しい考え方が生まれる。そして、その新しい考えもやはり確かめられることになる。こうして科学者が思い浮かべたものと、自然界で観察されるものとに共通した、新しい何かが絶えず生まれていく。このような状況が発展してさらに実際的な行動へ続き、人と、その環境全体とに共通する、新たな構造の創造へとつながっていくのだ。

人が他人や自然と調和して暮らすには、誰もが自分の考え方にいつまでも固執したりそれを擁護したりしない創造的な活動において、自由にコミュニケートすることが必要なのは明白である。では、そんなコミュニケーションを実際に行うのが難しいのはなぜか？

これはとても複雑で難解な問題だ。だが、こんなふうに言えるかもしれない。人は何か行動を起こす（ただ何かについて話すとか、考えるのではなく）とき、相手の話をすでにきちんと聞いていると思い込みがちである、と。偏見を持った、他人の話に耳を傾けようとしない人とは、コミュニケートするのは難しい。そもそも、相手に質問を「遮断《ブロック》」されると、誰でもすぐに気づくものだ。質問をブロックする人たちは、自分にとっては非常に大切かもしれない考えに存在する矛盾との直面を、無意識に避けているのだ。

とはいえ、そうした「ブロック」自体の性質が、いわば矛盾について無感覚だったり、「麻痺した」状態だったりする。そこで必然的に、ある人の「ブロック」の性質の把握が重要となる。もし、注意を怠らずに目を配っていれば、次のような状況に気づくだろう。たとえば質問されたとき、尋ねられた人が恐怖心を垣間見せ、質問された内容について考えようともしない場合がある。または、尋ねられた人が喜びをあらわにし、興味を引かれる様子だったり、他の質問も歓迎したりする場合があることを。このように、人は自分にとって望ましくなさそうな事態を避けられるのだ。その結果、知らないうちに自分の考えを防御することになる。他人の話を、自分ではきちんと聞いているつもりでも。

集まって話し合いをするときや、何かを共同で行うとき、自由に耳を傾ける能力を「ブロック」しているかすかな恐怖心や喜びを、一人ひとりが自覚できるだろうか？　こうした自覚がなければ、話されたことすべてに耳を傾けろと命令したところで、何の意味もないだろう。しかし、コミュニケーションを実際に「ブロック」しているものに各自が充分に注意を払い、適切な態度で、コミュニケートされている内容に参加すれば、何か新しいものを人々の間に創造できるかもしれない。個人や社会において、現在のところ未解決の問題に光明をもたらす、非常に意味あるものを作り出せるかもしれないのだ。

2

On Dialogue

対話とは何か

対話グループを立ち上げる場合、普通は対話について話すことから始める——対話について議論し、対話する理由について話し合ったり、対話の意味を考えたりするのだ。私は参加者がそうした話に全面的に、少なくともある程度は打ち込めるようになるまで、グループを作り始めるのは利口でないと思っている。作るのはかまわない。だが、それは持続性を持つべきだし、先に述べたような対話に関する疑問が後で明らかにされると信じられるものでなければならない。そこで、グループでの話し合いを考えているとしたら、しばらくは対話についてディスカッションしたり、セミナーを開いたりすることをお勧めする。そうしたことに関心がある人たちは、対話を続けられるだろう。自分のしていることが対話と呼べるか否かについては、あまり心配すべきでない——そうした心配も障害（ブロック）の一つになりうる。そこで、しばらくは対話について論じよう。そもそも、対話とはどんなものなのか？

この「対話《ダイアローグ》」という言葉に、私は一般に使われているものといくらか異なった意味を与えたい。意味をより深く理解するには、言葉の由来を知ることが役立つ場合が多い。「ダイアローグ（dialogue）」はギリシャ語の「dialogos」という言葉から生まれた。「logos」とは、「言葉」という意味であり、ここでは「言葉の意味」と考えてもいいだろう。「dia」は「～を通して」という意味である——「二つ」という意味ではない。対話は二人の間だけでなく、何人の間でも可能なものなのだ。対話の精神が存在すれば、一人でも自分自身と対話できる。この語源から、人々の間を通って流れている「意味の流れ」という映像やイメージが生まれてくる。これは、グループ全体に一種の意味の流れが生じ、そこから何か新たな理解が現れてくる可能性を伝えている。この新たな理解は、そもそも出発点には存在しなかったものかもしれない。それは創造的なものである。このように何かの意味を共有することは、「接着剤」や「セメント」のように、人々や社会を互いにくっつける役目を果たしている。

この「ダイアローグ」を「ディスカッション（discussion）」という言葉と比較してみよう。「ディスカッション」は「打楽器（percussion）」や「脳震盪《のうしんとう》（concussion）」と語源が同じだ。これには、物事を壊す、という意味がある。ディスカッションは分析という考え方を重視する。そこにはさまざまな視点が存在し、誰もが異なった視点を提供している――つまり分析し、解体しているのである。それに価値がないわけではないが、限界があるし、多様な視点が存在する段階からさほど先へは進めないだろう。ディスカッションはピンポンのようなもので、人々は考えをあちこちに打っている状態だ。そしてこのゲームの目的は、勝つか、自分のために点を得ることである。他人のアイデアを取り入れて役立てる、といったこともあるだろう――誰かの意見に賛成したり、反対したりすることもあるかもしれない――だが、基本となる点は、ゲームに勝つことだ。それがディスカッションで最もよく見られる状況である。

しかし、対話では勝利を得ようとする者はいない。もし、誰かが勝てば、誰もが勝つことになる。対話にはディスカッションと異なった精神がある。対話では点を得ようとする試みも、自分独自の意見を通そうとする試みも見られない。それどころか、誰かの間違いが発見されれば、全員が得をすることになる。これは、お互いに満足のいくゲーム、と呼ばれる状況だ。一方、対話以外のゲームには、勝者と敗者が存在する——私が勝てば、あなたが負けるというように。しかし、対話には、ともに参加するという以上の意味があり、人々は互いに戦うのではなく、「ともに」戦っている。つまり、誰もが勝者なのである。

いわゆる「対話《ダイアローグ》」と呼ばれているものの多くは、私がこの言葉を使う場合の性質を備えていないことがはっきりしている。たとえば、国連では頻繁に対話らしき行動がとられるが、非常に貧弱なものだ。人々が行っているのは、対話というよりはむしろディスカッションである。または、取引とか交渉と呼んだほうがいいだろう。話し合いに参加している人々が、自分たちの根本的な想定を問題にすることなど実際にはない。彼らはさほど重要でない点について、取引しているだけである。たとえば、核兵器の保有を増やすか減らすか、という交渉のように。しかし、体制が異なる二つの国の全体的な問題について、真剣に議論されるといった場合はない。そんなことは話せないのが当然だと見なされている——話したところで、何も変わらないだろう、と。その結果、国連でのディスカッションは、真の意味で重大であるとは言えなくなる。いわゆる「ディスカッション」と呼ばれるものの大半が、さほど真剣なものではない。交渉の余地がないとか、触れられない、または口に出すことさえ望まれないといった、あらゆる事情があるからだ。そうした点が問題の一部なのである。

では、なぜ対話は必要なのか？　小規模のグループ内でさえ、人々がコミュニケーションをとるのは難しい。まして三十人か四十人、もしくはそれ以上の人がいるグループでは、目的が設定されるか、グループを率いる人がいない限り、コミュニケーションが困難だと思う人は多いだろう。これはなぜか? 一つには、誰もが異なった想定や意見を持っているからだ。そうした想定や意見は、単なる表面的なものではなく、根本的なものである。たとえば、人生の意味について、あるいは自己の利益や国家の利益、宗教上の関心についてなど、人が本当に重要だと考えるものに関する想定なのだ。

こうした想定は挑戦を受けたとき、守りの姿勢に入ろうとする。人は自分の想定を正当化せずにいられない場合が多く、感情的に相手を攻撃することで、それを守ろうとしがちである。詳しくはのちほど論じるが、ここでは一つの例をあげておこう。数年前、イスラエルである対話集会が開かれたことがあった。政治について討論していたとき、話のついでにこう言った男性がいた。「ユダヤ人とアラブ人の関係を改善する上では、ユダヤ主義がかなりの問題となっている。それが第一の障害だよ」。彼の語り方はとても穏やかなものだった。だが、そのとき突然、ある男性が自分を抑えられずに立ち上がった。ひどく感情的になっており、血圧は上がって、目が飛び出しそうだった。彼は言った。「ユダヤ主義がなければ、この国はめちゃくちゃになってしまうんだ!」

この男性には根本的な想定があったし、もう一人の男性にはまた別の想定があった。この二つの想定は真っ向から対立するものだった。となると、「どうすればいいのか?」という問題が生まれてくる。こうした想定によって、あらゆる政治的な問題が世界中で起きている。私がここで述べたケースは、政治上で対処せねばならない想定のいくつかに比べれば、比較的簡単なほうである。大事なのは、誰もがさまざまな種類の想定を持っている、ということだ。それは政治や経済、宗教の問題にとどまらない。人が何をすべきか、人生とは何かといった問題などにまで及ぶのである。

こうした想定を「意見」と呼ぶこともできるだろう。意見とは、つまり想定なのだ。「意見」という言葉は多様な意味で使われている。たとえばある医師が意見を提示したならば、それは患者の症状から判断して、彼には最も考えられる想定を意味する。医師はこんなふうに言うだろう。「そうですね、確信は持てません。ですから、別の医師の診断（セカンド・オピニオン）を求めましょう」。その場合、彼が優れた医師なら、自分の想定を守ろうとする行動はとらないはずだ。セカンド・オピニオンが自分の診断と違えば、その医師はユダヤ主義について質問されて感情的になった、先に登場した男性のような行動はとらず、このように言うだろう。「どうしてそう判断できるのですか？」。この医師の意見は、理にかなった意見の一例である。しかし、そうした振る舞いができない人は多い——大半の人は強い反発を示して、自分の意見を守ろうとするものだ。別の言い方をすれば、人は自分自身と、自分の意見とを同一視する。人の意見は、自己の利益への投資に縛られているのである。

要するに、想定の裏にあるあらゆる圧力を、対話は検討しなければならない。想定そのものだけでなく、その陰に存在する思考プロセスまで調べる必要があるのだ。

対話と思考

人が持っているさまざまな意見が、過去の思考の結果だという点は重要である。すなわち、誰かから聞いたことや聞かなかったことといった、あらゆる経験が記憶にプログラムされているのだ。人はこうした意見と自分とを同一視し、それを守ろうと反応するかもしれない。だが、そんな行動は無意味である。もし、その意見が正しいなら、守ろうとする必要はない。もし、間違った意見ならば、そもそも守る必要があるだろうか？　しかし、意見に自分の姿を重ね合わせた場合、人はそれを守ろうとする。意見に異議を唱えられると、まるで自分自身が攻撃されたかのように感じるのである。このように、意見は「真実」としてとらえられがちだ。たとえ、それが単なる想定だったり、人の背景を成すだけのものにすぎなかったりしても。人は教師や家族、読書、その他にもさまざまな方法を通じて意見を得る。そして、なぜかそうした意見と自分とを同一視し、正当化しようとする。

対話の狙いは、全体的な思考プロセスに入り込んで、集団としての思考プロセスを変えることにある。これまでは思考をプロセスと見なす考え方に、あまり注意が払われなかった。思考には勤しんでも、その内容だけに注目し、プロセスに関心を向けなかったのだ。なぜ、思考に注意を払うべきなのか？　そもそも、どんなものにでも注意を向けることは必要である。機械を作動させているときに注意を払わなければ、故障してしまうだろう。人の思考も一種のプロセスであり、注意を払わねばならない。さもなければ、不具合が生じるはずだ。

思索、思考する上で困難な例をいくつかあげてみよう。困難な点の一つに「断片化」があるが、これは思考そのものから起こっている——あらゆるものを分離してしまうのは思考なのだ。人が作り出しているすべての分離は、思考から生まれてくる。実際のところ全世界とは、一つにまとまろうとするものの、影のような存在にすぎない。人はあるものを選択し、それを他と区別する——初めは、便宜上の目的でそうした行動をとっている。しかし、のちには、このように区別したものに大きな重要性を与えてしまう。我々が建設する個々の国家とは、どれも思考の産物である。そうして生まれた国家を、その後、人は最高に重要なものと考え始める。宗教も思考によって分けられている——多様な宗教が存在するのは、まさしく人がそう考えたからである。家庭においても、分離という考え方は存在する。家庭は、人がそうしたものを考えた結果、生まれたのだ。

断片化は思考における問題点の一つだが、そこにはさらに根の深い原因がある。思考とは非常にアクティブなものなのに、思考プロセスは、思考が何もしていないと見なしている——思考は、物事をありのまま伝えているにすぎない、と。我々のまわりにある大半のものが、思考によって決定づけられてきた——建物、工場、農場、道路、学校、国家、科学、テクノロジー、宗教——名をあげるなら、どのようなものでも。あらゆる環境問題を生み出したのは、思考である。なぜなら、世界が存在するのは人類が利用するためであり、世界は無限のものと考えられてきたからだ。そのため、人類が何をしようと、どんな公害も解決するだろうなどと我々は思っているのである。

汚染問題や二酸化炭素問題、その他何であれ、「問題」があると考えられるとき、こんな言い方がされる。「その問題を解決しなければならない」。だが、人はそうした問題を絶えず生み出しているのだ——特定の問題だけではなく、さまざまな問題を——思考し続けることによって。世界が人類の便宜のためにだけ存在するという考え方をやめなければ、人は世界を別の方法で利用しだすだろうし、どこかでまた違う問題が生まれるだろう。仮に汚染問題が解決できても、解決方法が正しくなければ、たとえば経済の混乱といった、新たな問題が発生する可能性がある。遺伝子工学の開発はできるかもしれない。しかし、普通のテクノロジーですら膨大な問題を生むなら、遺伝子工学のせいで人類がどんなものに巻き込まれるか、想像してみるといい——これからも我々の考え方が変わらなければ、の話だが。自分たちの気まぐれや考え方にかなうなら、人はどんなものにでも遺伝子工学を適用しかねない。

一つ重要な点がある。思考は結果を生み出すが、そのあとで、自分はそんなことをしなかったと言う点だ。それこそが問題なのである。思考から生まれる結果の中に、非常に重要で価値あるものが存在すると見なされることが面倒を起こす。思考は国家を生み出して、こう言う。国家には途方もないほどの価値が、究極の価値があり、それ以外の大半のものに優先する、と。同じことが宗教についても言えるだろう。思考の自由が妨げられているのは、仮にある国家が高い価値を持つと見なされれば、その評価を落とさないことが求められるといった事実からもわかる。その結果、そうした考え方を人に強制する圧力が生まれるに違いない。人は衝動を感じるようになり、他人も同じ衝動を感じるようにと働きかける必要に迫られる。国家や宗教、家庭、その他何でも、その人が高い価値を与えるものについて、相手にも同じ考え方をさせるためである。人は自分の考えを守らねばならないと思うのだ。

何かを守るには、まず、守るということの意味を考える必要がある。もしかしたら、自分が守りたいものについて、疑問を生じさせるような考え方があるかもしれない。そんな考えは脇へ押しやられたはずだ。そこには容易に自己欺瞞が入り込む――あまり受け入れたくないものを、すべて脇へ押しやればいいだけである。それは間違いだと言ったり、問題をゆがめたり、といった形で。誤りかもしれないという証拠を見せられても、思考は基本的な想定を守ろうとする。

こうした問題に対処するなら、思考について考えねばならない。問題が発生するのは、思考においてだからである。たいていの場合、問題があるときに人はこんな言い方をする。「問題を解決するためには、それを考えなければ」と。しかし、私が言おうとしているのは、思考そのものが問題なのだ、ということである。となれば、どうするべきだろうか？　思考には二種類ある――個人的思考と集団的思考だ。個人として、私はさまざまなことを考えられる。だが、思考の大半は、人がともに行うものを意味している。というより、思考の大部分は集団的な背景から発生する。たとえば、言語は集団的なものである。また人が抱く基本的な想定のほとんどは、社会から生まれてくる。それには社会がどのように機能しているかとか、どんな人間になるべきかといったこと、あるいは人間関係や慣例といったものも含まれている。このように考えると、個人的思考と集団的思考の双方に注意を払うことが必要なはずだ。

対話する際、さまざまな背景を持つ人々の基本的な想定や意見は、異なっているのが普通である。今はまだ意識されなくても、大概のグループには多様な想定や意見が存在することにやがて気づくだろう。それは文化の問題である。文化全体として、おびただしい数の意見や想定があり、それがその文化を形成する上で役立っている。また、サブカルチャーというものもあり、民族グループや経済状態、人種や宗教、その他何千もの基準によって、他と区別されているのである。人々は異なった想定や意見を抱いて、異なった文化やサブカルチャーの領域から集まってくる。そして、自覚はないかもしれないが、自分の想定や意見が誤りだという証拠を示されると、受動的な態度でそれを守ろうとする傾向が見られる。別の意見を持つ人に対して、単に自分の意見を弁護しようとするだけの場合もあるだろう。

このように自分の意見に固執していては、対話などできまい。その上、意見を守っていることに自分で気づいていない場合が多い。意図的な行動でない場合がほとんどなのである。意見を正当化していると自覚するときもあるが、たいていは無自覚に行っている。何かを心から正しいと感じた場合、自分に反対するなんてどれほど間違っているかと、愚かな相手を説得しようとせずにいられなくなるのだ。

さて、こういった行動はきわめて自然に思われる——避けることができないものだ、と。だが、そんな考え方をするなら、それを基本的な姿勢とし続けるならば、真の意味で優れた社会は作り出せないだろう。そこで、民主主義が役立つかと思われるが、実際の効果はあがっていない。もし、誰もが異なった意見を持っているとしたら、民主主義は単に意見を戦わせるだけのものである。そして、最強の者が勝利を収めるに違いない。その意見は必ずしも正しくなくていい。どの意見も正しくない場合もありうるかもしれないのだ。となれば、意見の一致を試みたとしても、うまくいくはずはない。

こうした問題は、集まって対話したり、国会議員が互いの意見を一致させようとしたり、ビジネスマンが合意に達しようとしたりした場合などに、いつでも起こる。一緒に仕事をせねばならないとき、各自が異なった意見や想定を持っているせいで、ともに働くのが大変だと気づく場合は多いだろう。そうした傾向は強まりやすい。実際のところ、大企業の社員たちはこのような問題に直面している。社の上層部がそれぞれ違う意見を持っているために、協力し合えないところもあるかもしれない。そんな会社は効率的な経営ができずに損失を出し始め、倒産してしまうはずだ。

企業のトップがともに話せるグループを作ろうとする人々もいる。もし、政治家がそうした行動をとれば、非常に良い結果となるだろう。意見の一致を見るのが最も難しいのは、異なった宗教を信じる人たちである。異なる宗教という想定はあまりにも根強いため、二つの宗派が、あるいはどんな宗教のサブグループ同士の場合でも、ひとたび決裂したあとは、決して和解することはない。たとえば、キリスト教の教会は長い間、宗派を超えた歩み寄りについて述べているが、いつまでも変わらないままだ。宗派の一致を目指すと述べて、いくらか歩み寄りの姿勢は見せても、絶対に一致することはない。統一や調和、愛などについて語られはしても、他の想定のほうがはるかに強力なのだ。そうした想定は人の中にプログラムされているのである。敬虔な人々の中には、他宗教の信者との一致を試みる者もいる。彼らは実に真剣で、この上なく懸命に取り組んでいるが、目的は果たせていないようだ。

科学者たちも同様の状況にある。各自が真実について異なった見解を持っているため、合意に達することができないのだ。それぞれが違う自己利益を持っている場合もあるだろう。公害を発生させる企業のために働いている科学者は、それが危険なものでないと証明することが、自己の利益かもしれない。また、その公害が危険なものだと証明することで、利益を得る者もいるだろう。すべてを判断しようとする、公平な科学者もおそらくいるはずである。

科学とは、真実や事実に専念するものだと思われている。そして宗教は、別の種類の真実や、愛に専念するものと考えられているのだ。だが、人は自己の利益や想定のほうを優先させる。ここで、このような人々を裁こうというのではない。しかし、そんな想定や意見が、人の心の中にあるコンピュータのプログラムと化す、何かが起きている。そうしたプログラムは、最善の意図よりも強力だ――自分で意図を生み出してしまうからである。

さらに、二十人から四十人ほどの人々で構成される対話グループでは、社会全体の縮図のようなものを考えることができる――我々が見てきて言えるのだが、そうしたグループにもさまざまな意見や想定が多く存在している。対話は一人か二人、または三、四人とすることができるし、自分自身と対話するといった態度も可能だ。どれにするかと決めずに、あらゆる意見を比較検討すればだが。しかし、あまりにも小規模のグループはさほどうまく機能しない。もし、五人か六人が集まると、人々は相手を動揺させることを言うまいとして、意見を調整しようとする――いわば「心地よい調整」の状態を選ぶのである。人々は互いにとても礼儀正しくし、トラブルが起きそうな話題は避ける。仮にそうした小グループにおいて、二人、もしくはそれ以上の人の間で対立が起きると、止めるのは非常に難しい。どうにも収拾がつかなくなる。もっと大きなグループの場合、やはり礼儀正しい態度で話が始まるだろう。しかし、時間が経てば、面倒を招きそうな話題をすべて避けるといったことはなくなってくる。礼儀正しさはかなり早いうちに消えてしまう。二十人以下のグループでは、そのようなことはないかもしれない。互いを知るようになった人々は、避けるべき辛辣な言葉がわかり始めるからだ。配慮が必要な事柄がさほど多くないため、こうした行動も可能なのである。しかし、四十人から五十人のグループとなると、考慮するものが多くなりすぎる。

こういうわけで、グループの人数を二十人ほどにすると、それまでとは違う現象が起こり始めるのだ。一つの輪として都合よくまとめられるのは、多くても四十人ほどだろう——それ以上の場合は、二つの輪に分けるといい。そうした規模のグループなら、いわゆる「縮図」と呼ばれる状況がわかりだすはずだ。さまざまなサブカルチャー出身の人々が充分にいるため、文化全体の一種の縮図が生まれるのである。そして、文化に関する疑問が——集団で意味を共有する形で——現れてくる。この点は重要である。なぜなら、集団で共有する意味というものは非常に強力だからだ。集団による思考は、個人による思考よりも力を持っている。これまで述べたように、個人の思考の大半が、集団の思考の結果か、他人の影響を受けた結果である。言語はすべて集団的なものだし、言語の中に存在する思考の多くも集団的なものだ。誰もがそうした集団的な思考に対して、好き勝手なことを考える——つまり、集団的思考に貢献しているわけである。しかし、集団的思考そのものを変える人はほとんどいない。

　集団としての力は、人の数が増えるよりもはるかに速く増していく。どこかで私が述べたことだが、集団の力はレーザー光線と比較できる。通常の光線は「非干渉性の《インコヒーレント》」と呼ばれている。光線がまちまちな方向に向かい、光の波が互いに一致しないために強度が得られない。だが、レーザー光線は「可干渉性の《コヒーレント》」非常に強力な光線を発する。どれも同一の方向に向かうため、光の波の強度は高くなる。レーザー光線には、通常の光線にとって不可能なこともいろいろと可能である。

　さて、社会における我々の通常の思考は、「一貫性のない《インコヒーレント》」ものと呼んでいいだろう。それは対立し合ったり、互いに打ち消したりする思考とともに、あらゆる方向に向かっている。しかし、人々が「一貫性のある《コヒーレント》」方法でともに考えるようになれば、驚異的な力が生まれるだろう。それが私の提案である。対話できる状況――かなり長い間、対話に取り組んでおり、人々が互いに懇意になっているグループなど――であれば、思考やコミュニケーションはコヒーレントな動きができる。それは人が認識しているレベルにおいてだけでなく、暗黙のレベル、つまり漠然としか感じていないレベルでもコヒーレントなものだろう。その点がより重要である。

「暗黙」という意味は、言葉に出されないとか、表現が不可能だとかいうことだ――自転車に乗るために必要な知識のように。それは事実上の知識であり、コヒーレントなものかもしれないし、違うかもしれない。思考とは実のところ、鋭敏な暗黙のプロセスのことを指すと、私は提案したい。考えることの具体的なプロセスは非常に暗黙的なものである。基本的に、その意味は言葉に表されない。そして明確に言い表せるものは、意味のごく一部にすぎないのである。このような暗黙の知識によって大半の行動をとっていることに、誰もが気づいていると思う。思考は暗黙の領域から生まれてくる。そして、思考におけるあらゆる根本的な変化が、暗黙の領域から現れるだろう。そのため、暗黙のレベルでコミュニケーションを行っているとしたら、思考は変化しつつあるかもしれない。

暗黙のプロセスは人に共通である。それは共有するものだ。この共有とは、単に明確なコミュニケーションや、ボディランゲージなどを指すのではない。確かにそうしたものも一部だが、人に共通の、もっと深い意味での暗黙的なプロセスが存在するのである。百万年の間、全人類がこの点を知っていたと私は思っている。その後の五千年にわたる文明の中で、我々は暗黙的なプロセスを失っていった。そのようなプロセスを行うには、社会が大きくなりすぎたからである。だが、コミュニケーションをとることが急を要するようになった今、もう一度それを始めなければならない。必要なことを賢明に実行するには、意識を共有し、ともに考えねばならないのだ。対話グループで繰り広げられることに取り組み始めれば、社会全体における現象の、核心めいたものをつかめるようになるだろう。自分一人ではそうした核心をかなり見落としかねない。一対一の対話をした場合でさえ、正確にはつかめないものである。

対話に参加する

対話の基本的な考え方は、人々が輪になって座るということだろう。そうした幾何学的な並び方だと、誰かが特に有利になることはない。ダイレクトなコミュニケーションが可能である。原則として、対話はリーダーを置かず、何の議題も設けずに行うべきだ。言うまでもないが、我々はリーダーや議題というものに慣れてしまっている。そのため、リーダーなしで会合を始めれば――または議題も目的もなしに話し始めれば――何をすべきかわからないという大きな不安に駆られるだろう。そうした不安を克服する一つの方法は、不安そのものに立ち向かうことである。

実は証明されているのだが、一時間か二時間このような対話を行ううち、人はそんな状態に対処できるようになり、もっと自由に話し始める。

対話グループが活動していく上で、進行役を置くのは役立つかもしれない。しばらくの間、グループを見守ってもらい、ときどきは状況の説明などをしてもらう。だが、進行役の役割は、こうした役割そのものが不要となるようにすることだ。今のところ、それには時間がかかるかもしれない。人々が定期的に集まり、対話を継続的に行う必要があるだろう。そうした形での活動を毎週、あるいは隔週ごとに行い、長期にわたって続けることになるかもしれない――一年か二年、もしくはそれ以上の間。そのうちに、ここまで述べたような現象がすべて現れてくるだろう。やがて、人々は次第に進行役に頼らなくなっていく――少なくとも、頼るまいと考えるはずだ。現在の社会全体に、リーダーなしでは物事が機能しないという考え方がある。だが、リーダーが不在でも支障はないかもしれないのだ。リーダーを置かないことを提案したい。当然ながら、これは一つの試みで、必ず成功するという保証はない。しかし、それはどんな新しい冒険にも当てはまるだろう――人はあらゆる証拠を検討し、最善のアイデアはどれかと考え、それについてどう述べるか、自分のセオリーは何かについて考える。そして先へ進んで、冒険に挑戦するのである。

対話グループが活動を始めたばかりの頃は、個人的な問題や疑問が話題に入り込むことを期待できないだろう。もしも毎週、あるいは毎月のように対話を続けていれば、そういった問題や疑問が現れてくるかもしれない。話題は何でもかまわないが、互いを理解して、信じ合い、物事を共有できる関係を築き上げるべきだ。そうした状態を、グループが立ち上がった当初から期待するのは無理がある。それに実際のところ、個人的な問題はさほど重要でないかもしれない。とはいえ、もしも誰かがそのような問題を持ち出せば、グループ全体がそれを考えるだろう。そうした状況が悪いという理由はない。しかし、対話は個人的な問題から始めるべきでないと、私は考えている。少なくとも、そういった内容の話題が毎回出るのは望ましくない。対話グループは個人の問題のために存在するのではなく、主として、文化的な問題のために存在するのである。もっとも、グループの中には個人的な要素が入り込んでくるだろう。個人的な問題と文化とは入り混じっているからだ。

重要なのは、対話グループがセラピーグループの類《たぐい》ではないと理解することである。そこでは誰かを治そうなどという試みはされない。副産物として、治癒の役目が果たされる場合もあるが、個人の治療は対話グループの目的ではないのだ。こうした点を調べている私の友人のパトリック・ド・メール博士はそのような現象を、個人的セラピーではなく、「社会的セラピー」と呼んでいる。対話グループは社会の縮図である。したがって、もしもグループが——あるいは誰かが——「治癒された」なら、より大きな規模での治癒へつながっていく、というのだ。そう望むなら、こんな見方をしてもかまわない。限界はあるが、一つの見方だろう。また、対話グループはいわゆる「エンカウンターグループ」でもない。エンカウンターグループとは、あるタイプのセラピーを目的としたもので、そこでは人々の感情や、その他さまざまな要素が浮かび上がってくる。

対話グループはそうした点を特に目的にしていないが、感情が表れてこないわけでもない。人が感情的に向き合うと、各自の想定が生まれてくる場合もあるからだ。対話では、人々が仲間の中でダイレクトに、一対一で話すことが必要である。やがて、相手のことが少しはわかるようになり、信頼し合えるようになれば、グループ全体と、またはグループ内の誰とでも、ダイレクトに話せるようになる。

かつて、北アメリカのある部族と、長い間暮らしをともにした人類学者がいた。それは五十人ほどから成る、小さな部族だった。狩猟採集民は二十人から四十人の集団で暮らすのが普通である。農耕民族はもっと大きな集団を作る。さて、その北アメリカの部族はときどき寄り合いを持つことがあった。彼らはただひたすら話すだけで、何の目的もなく話しているのは明らかだった。そこではどんな決定もなされなかった。その中にリーダーもいない。そして誰もが参加できた。他の者よりは話に耳を傾けてもらえる賢い男か女――年長者だろう――がいたかもしれないが、誰が話してもよかった。会合は長々と続き、やがてまったく何の理由もなしに終わって、集まりは解散する。だが、そうした会合のあとでは、誰もが自分のなすべきことを知っているように見えた。というのも、その部族の者たちは互いを充分によく理解したからである。そのあと、彼らはより少人数で集まって、行動を起こしたり、物事を決めたりするのだった。

対話グループでは、どんなことに関しても決定を下したりはしない。この点が重要である。さもなければ、参加者が自由だと言えないだろう。人は何かをしろと義務づけられていない、空白のスペースを持つ必要がある。または、いかなる結論も生まれず、何を言えとか言うなとか指示されないスペースを。それはオープンで自由な、空《から》のスペースだ。「余暇(leisure)」という言葉には、空のスペースといった意味がある。「占有された(occupied)」という言葉は、「余暇」と逆のもので、充満した状態を意味している。そこで、どんなものでも入ってこられるように、対話グループでは一種の空のスペースを持つことにしたい——対話が終わったあとは、そのスペースをまた空ける。いかなるものも蓄積しようとしてはいけない。それが対話で大事な点の一つである。クリシュナムルティはよくこんなふうに言ったものだ。「何かを入れるためには、カップが空でなければならない」と。

対話グループは特定の目標を持つな、確かな目標はとにかく定めるべきでないというのは、理不尽な要求でもないだろう。調べたいことがあるなら、それに関連した目標を設定するのはかまわないが、特に何かに縛られてはならない。また、グループ全体がその目標にいつまでも従う必要があると主張するのも禁止だ。人類の存続は誰もが望むものかもしれないが、それさえも我々の目標ではない。実のところ、目標というものがあるとすれば、コヒーレントなコミュニケーションをとることだろう。

一般的に、我々の文化は大きな集団から成り立っているが、それには二つの理由が存在する。一つは、娯楽や楽しみのために必要だからである。もう一つは、有益な仕事を可能にするためだ。さて、ここで私は提案したい。対話においてはいかなる課題も設定せず、いかなる有益な事柄も達成しようとすべきでない、ということである。有益な目的やゴールを達成しようとするなり、何が有益なものかという想定が生まれる。そうした想定が対話を狭めてしまう。さまざまな人が、それぞれ違う考え方をするのが有益なのである。また、それは厄介ごとをも引き起こす。我々はこんなことを言うかもしれない。「私たちは世界を救いたいのか?」あるいは「自分たちは学校経営を望んでいるのか?」、「我々は財を成したいと願っているだろうか?」などと。どんな考え方もありうる。それが、企業内の対話での問題の一つになるだろう。企業にいる人間は、自分がその会社で働く第一の目的とは利益を生み出すことだ、という考えを捨てられるだろうか? もし、それが可能なら、人類にとって大変革となるはずだ。企業の幹部の大半は幸福感を覚えておらず、何かを成し遂げたい——会社を救うことだけではなく——と心から願っていると、私は思う。彼らも世の中全体に対して不満を感じているのだ。幹部の誰もが貪欲だとか、利潤の追求しか眼中にないとかいうわけではない。

対話グループが始まってしばらくの間、参加者は要点を遠まわしに話しがちである。今日の人間関係では全体的に、物事に正面からぶつかることを避ける人が多い。厄介なことは避けて、回りくどい話し方をするのである。こうした習慣は、おそらく対話グループ内でも続くだろう。もっとも、グループがしばらく続けば、そうした傾向は弱まり始める。たとえば、ある晩の対話グループでの出来事だが、こう主張した人がいた。「さて、僕たちはみな、哲学について話しているわけだね。哲学に関する本を持ってきたんだが、読んでもいいかな? なかなかいいよ」。すると誰かがこう言った。「いや、やめてくれ」。というわけで、最初の話し手はそれを読まなかった。直接的な言い方をされると少しばかりショックなようだが、いい結果を生むのである。

対話グループはうまく機能させねばならない。グループには、関心も想定もそれぞれ異なる人々が参加するだろう。初めのうち、参加者たちが行うのは交渉かもしれない。それは対話のごく予備的な段階の行動である。言い換えれば、各自が別々の方法で物事に取り組むなら、人はなんらかの形で交渉をしなければならないのだ。しかし、対話はそこで終了するわけではなく、そこから始まるのである。交渉には、物事を進めるための共通の方法を見つけようとする行為が含まれている。とはいえ、交渉しかしなければ、あまり先へは進めないものだ――たとえ、どうしても交渉が必要な問題があるとしても。

今日では、一般的に対話と見なされるものの相当数が、ともすれば交渉に専念している。だが、前にも述べたように、それは予備的な段階にすぎない。人は自分で対話と考えているものを最初に行うとき、より深い問題に入っていく準備ができていないのが普通である。交渉を行うだけで精いっぱいなのだ。交渉とは、互いに取引し、調整し合うことであり、たとえばこんな言い方をする。「ええ、おっしゃることはわかりました。それはあなたにとって重要ですよね。お互いに満足できる道を探しましょう。私はこの点について少しばかり譲歩しますので、あなたはあちらの点について妥協してください。そうすれば、なんとかうまくいくでしょう」。さて、こうしたやり取りは、真の意味で親密な関係のものとは言えない。だが対話を始めるきっかけにはなる。

対話グループはさまざまな場で始めることができるだろう。重要な点は、対話グループへの感情移入ではなく、活動のプロセス全体である。「これはすばらしいグループだ」と言ってもかまわないが、実のところ、肝心なのはプロセスなのだ。

　こうした対話グループが続いていけば、参加者の間にある変化が見られるようになるかもしれない。そのうちグループの外でも、参加者はこれまでと違う行動をとるようになる。やがて、対話グループの活動は広まっていくだろう。それは聖書に出てくる、種子についてのたとえを思わせる――ある種子は石だらけの地面に落ちるが、ある種子は良き地に落ちて途方もない数の実を結ぶ[★1]というものだ。問題は、どこで、どのように対話グループを始めたらいいのかわからないことである。本書で述べているアイデアやコミュニケーションの方法、考え方などは、対話グループを作る上で役立つ、いわば種子になるだろう。しかし、こうしたグループの多くが失敗し、軌道に乗らなくても驚く必要はない。失敗はあっても、決して対話グループを作れないわけではないのだ。

　大切なのは、永遠に存続する、不変の対話グループを築くことではなく、変化を生み出せるまで続くグループを作ることである。もし、一つのグループがあまりにも長く継続すれば、惰性に流されてしまうかもしれない。だが、ある程度の期間は存続させないと、うまく機能しないだろう。先に述べたように、一年か二年の間、対話グループを維持するのが有益かもしれない。そして、定期的に活動を行うことが重要である。グループ活動を続ければ、さまざまな問題も起きてくるはずだ。根の深い想定を参加者が持ち込むことも避けられない。欲求不満が生まれ、混乱状態に陥り、対話など無価値なものだという考えも出てくるだろう。感情のもつれも起きてくる。以前に登場した、ユダヤ主義についての想定を持っていた男性は、おそらくとても礼儀正しい態度でいようと思っていたはずだ。だが、突然、腹の立つようなことを他人に言われて、自分を抑えられなくなったのである。対話グループを続けていれば、根深い想定が表面に現れることはありうる。しかし、そうした事態にもかかわらず、対話グループを続ける必要性が理解できれば、何か新しいものが生まれてくるに違いない。

さて、対話はいつも楽しいものになるとは限らないし、目に見えて有益なことを成し遂げるわけでもない。そのため、困難にぶつかるとすぐに、対話をやめようかと思いがちである。だが、継続することが非常に重要だと私は提案したい――挫折感に耐えて、続けるべきであると。人は何かを重要だと思えば、実行するものだ。たとえば、重要だと思う理由が何もなければ、誰もエベレストに登ろうとしないだろう。エベレスト登山も非常に挫折感を味わうことになるものだし、常に楽しいとは限らない。同様のことが、金を稼がねばならない場合など、あらゆる活動に当てはまる。自分にとって必要だと感じるなら、それを実行すべきである。

必要なのは意味の共有であると、私は主張したい。社会とは、人がともに暮らせるように、人々と制度とを結びつけるものだ。しかし、社会がうまく機能するのは、文化が存在するときだけである――そこには意味の共有が含まれている。すなわち、意義や目的、価値を共有するということである。そうしたものがなければ、社会は崩壊してしまう。我々の社会はインコヒーレントであり、意味の共有にあまり成功していない。たとえ成功したとしても、長くは続かないだろう。人がそれぞれ抱いている異なった想定が、我々の行動の意味全体に、暗黙裡に影響を及ぼしているのだ。

想定を保留状態にする

どんなグループにおいても、参加者は自分の想定を持ち込むものだと、ここまで述べてきた。グループが会合を続ければ、そうした想定が表面化してくる。そこで、このような想定を持ち出さず、また抑えもせずに、保留状態にすることが求められる。そうした想定を信じるのも信じないのも禁止だし、良いか悪いかの判断をしてもいけない。人は腹を立てたとき、怒りの感情を表に出すのが普通であり、相手に対して不快な言葉ぐらいは吐くかもしれない。そうした反応を保留状態にすると考えてみよう。腹の立つ相手を、今度は表立って侮辱しないだけでなく、心の中に生まれた侮辱の気持ちも保留状態にするのだ。たとえ表面的には相手を侮辱しなくても、内心では侮辱しているものである。そうした気持ちも保留状態にしておく。自分の気持ちをあらわにせず、振り返ってみることにする。観察できるように、感情を目の前に掲げると考えてもいい——まるで鏡の前にいるかのごとく、自らの感情を検討してみよう。こうした方法をとれば、単に怒りを吐き出したり、「私は怒っていない」とか「怒るべきじゃないでしょう」と言って怒りを抑えたりした場合には、見えなかったはずのものが見えてくる。

そうすると、今やグループ全体は各参加者にとって鏡の役目を果たすようになる。あなたが他人に与える影響は鏡であり、他人があなたに与える影響もまた鏡である。こうしたプロセス全体の観察は、何が起こっているかを明確にする上で非常に役立つ。なぜなら、誰の状況も同じだからだ。

となると求められるのは、対話しているときの思考と、体が表す喜怒哀楽、そして情動との関連性に気づくことである。観察していれば、声に出された言葉と同じように、ボディランゲージからもわかるだろう。誰もが同じ状況にあることを――ただ、それぞれが違う側にいるだけなのだ。グループ内で分裂が起き、二つの強力な派閥が対立する場合もあるかもしれない。だが、我々の目的の一つは、こうした状況が現れることだ。それを抑えようとしてはいけない。

したがって、想定や反応がどんなものかを、ただ見るだけにしよう――自分の想定や反応だけでなく、他人のものも同様に観察する。他人の意見を変えようとしてはいけない。集まりが終わったあとで意見を変える人もいれば、変えない人もいるだろう。これこそ、私が対話と考えるものの一部である――つまり、一人ひとりが何を考えているかを、いかなる結論も導き出さず、判断も下さずに、人に理解させるということだ。想定は必ず発生する。自分を怒らせるような想定を誰かから聞いた場合、あなたの自然な反応は、腹を立てるか興奮するか、またはもっと違った反撃をすることだろう。しかし、そうした行動を保留状態にすると考えてみよう。あなたは自分でも知らなかった想定に気づくかもしれない。逆の想定を示されたからこそ、自分にそうしたものがあったとわかったのだ。他にも想定があれば、明らかにしてかまわない。だが、どれも保留しておいてじっくりと観察し、どんな意味があるかを考えよう。

敵意であれ、他のどんな感情であれ、自分の反応に気づくことが必要だ。他人の反応がどんなものかは、行動を観察すればわかるだろう。誰かの怒りが高まりすぎて、集まりが失敗に終わりそうだと推測されるときがあるかもしれない。もしも、場の雰囲気があまりにも険悪になった場合は、特定の意見に肩入れしていない人たちが間に入って、いくらか状況を静めるべきである。人々が状況を把握できるように。状況が見えなくなるまで怒りを高めてはいけない。さまざまな意見が現れても、それを観察するだけにとどめることが重要である。そして、他人の敵意によって自分の敵意が誘発されることを知るべきだろう。そうした感情はすべて、観察したものや保留状態にしたものの一部なのである。思考がどう働くかということが、あなたはもっとよくわかるようになるはずだ。

必要性という衝動

ここまで対話や思考について、また、そうしたプロセス全体に――さまざまな意見や観点の内容だけでなく——注意を払うことの重要性や、プロセスを一つのものとして考える方法について論じてきた。そして、プロセスが人の感情や体の状態にどんな影響を及ぼすか、他人にどんな影響を与えるかについても見た。非常に重要なのは次の点である。耳を傾け、眺めること。観察し、実際の思考プロセスやそれが起きる順番に注意すること。思考プロセスがインコヒーレントである点や、適切に機能していない点に注意すること、などだ。我々は物事を変えようとしているわけではなく、認識しているだけにすぎない。グループ内での対立やインコヒーレントな思考の問題が、個人における同様の問題と似ていることに気づくだろう。

こうして観察するうち、ある種の思考が他のものよりはるかに大きな役目を果たしていることがわかるはずだ。最も重要な思考の一つは、「必要性」である。必要なものには代替がきかない。必ずそれでなければならないのだ。「必要な（necessary）」という言葉の語源が、「譲歩するな」という意味を持つ、ラテン語の「necesse」であるのは興味深い。それはまさに「退けられないもの」という意味だ。通常は、生活の中で問題が現れたとき、人はそれを退けようとする。退けるのが無理な場合は、自分のほうが妥協し、物事を解決している。だが前に述べたように、譲歩が不可能な必要性が生じ、自分のほうも必要性があって妥協できないという事態が発生するかもしれない。そうなると、人は欲求不満を感じる。どちらの必要性も絶対的なら、必要不可欠なものの間で葛藤する羽目になる。普通の場合、あなたの意見も相手の意見も、妥協が不可能だということになるだろう。するとあなたは相手の意見に心を乱され、妨害されているように感じるはずだ。

そして、互いに対立するに違いない。

必要性からは強烈な衝動が生まれるものだ。何かが必要だとひとたび感じたら、それがどんなことであろうと、実行しようとか、実行するまいとかいう衝動が起きる。あまりにも強力な衝動なので、受け入れて前進せずにいられなくなるかもしれない。必要性とは、最強のエネルギーなのである――やがてはすべての本能を打ち負かしてしまう。何かを必要だと思えば、人は自衛本能などのあらゆる本能に逆らっても、衝動のままに行動するだろう。対話では、個人的にも集団的にも――この点は重要である――こうした必要性を認識することによって対立が生まれてくる。家庭内であろうと、対話グループにおいてであろうと、深刻な議論はすべて、絶対に必要なものは何かという価値観の違いに関係している。絶対に必要というわけでなければ、人は常に必要性と折り合いをつけ、最優先すべきことを決定し、調整をつけられるだろう。だが、絶対に必要なことが二つある場合、交渉という常套手段を用いるのは無理だ。それが交渉の弱点である。仮に二つの国が現れて、それぞれがこう言ったとしよう。「主権を有しているのは我が国である。こちらの命令に従ってもらおう。これは絶対に必要なことだ」。そうなると彼らが考えを変えない限り、打つ手はない。

問題は、二つの絶対的な必要性が衝突した場合にどうするべきかである。まずは、必要性というこの情動に突き動かされ、前に述べたように、怒りや憎悪、欲求不満などの強力な感情が高まることが考えられる。そうした絶対的な必要性がある限り、何事も変えられない。双方とも、手にしたものを守る正当な理由が自分にあると主張するだろうし、必要不可欠なものを得る邪魔となる相手を憎むという相応の理由も、どちらにもあるからだ。そこで、「彼はかなり頑固だし、愚かにも、これを見ようとしない」というように相手を非難する。国や宗教の利益、その他何のためにせよ、残念だが相手を皆殺しにすることが絶対に必要だ、と主張する人もいるかもしれない。必要性という概念の力がわかるだろう。

そこで対話には、互いが激しく衝突するような、絶対的必要性という概念が現れることが予測される。人はそうした事態を避けようとする。成り行きがわかっているため、面倒を引き起こしそうなことには触れないのだ。だが、対話を続けるうち、絶対的必要性というものは表れてくる。そのときどうなるかが問題である。

前にも論じたが、対話を続けていれば、人々の態度全体が変わるような何かが起きる場合がある。こんな洞察をするときがあるかもしれない。誰もが同じ行動をとっていれば――自分の考えという絶対的必要性に固執しているなら――、何も生まれてこないのではないか、と。すると、このような疑問が出てくるだろう。「これは絶対に必要だろうか？　絶対に必要だと思い込むせいで、実に多くのものがだめになっている」と。「これは絶対に必要だろうか？」という疑問を発して、それに答えれば、ある時点で必要性は弱まり始めるかもしれない。こんな言葉が出る可能性もある。「そうだな、もしかしたら、これはそれほど必要ではないかもしれない」。そうなれば、すべての物事が前よりも対処しやすくなる。そして対立は消え、必要性という概念を新しく独創的に探ることが可能になるだろう。対話は創造的な新しい領域に入れるようになるのだ。この点が重要だと私は考えている。

我々が作るべき、あるいは発見すべき必要性という概念についてはどうだろうか？　たとえば、画家がキャンバスに気まぐれに色を塗っただけだとしたら、それは何の意味もないものだと見なされるだろう。また、他人の必要に応じた注文に従うだけの画家なら、二流である。画家は自らの必要に応じて創造しなければならない。画家が描くさまざまな作品が、内なる必要性から生まれたものでなければ、ほとんど価値はないのである。この芸術的な必要性とは、創造的なものだ。こうした創造的な芸術を生む芸術家には自由がある。したがって、必要性という新たな秩序を創造的に認識できるようにするのは、自由であることだ。これができなければ、真の意味で自由とは言えない。望むことは何でもやっているし、それが自分の衝動なのだと言う人もいるだろう。だが、人の衝動というものは思考から生じると私は思う。たとえば、あるものが必要だという考えから衝動が生まれるとする。そして対立している国同士の国民が、戦争に行って邪魔な相手を始末することが自分たちの衝動だ、と言うとしよう。まるでそんな行動が自由を意味するかのように。しかし、これは間違いである。彼らは自分たちの思考に駆り立てられているだけだ。とにかく、自分の好みに従って行動することが、自由である場合はめったにない。人が好むものは、考えた事物によって決定されるし、それは決まりきったパターンである場合が多いからだ。そのため、我々には新しい方法でグループを動かすための、創造性が必要である。そうしたものを見つけるのは個人でも、あるいは集団でもできる。深刻な問題を抱えているグループならば、それを創造的に解決すべきだ。従来のような、取引や交渉という方法だけでは、問題は解決できない。そして、次の点も重要であろう。つまり、人がなんらかの想定を抱いた場合、絶対に必要な想定だとしたら、すべてが膠着状態になるだろうということである。

思考という自己受容感覚

対話では思考に注意を払うべきだという、この論点全体が、初めはかなり優しいことだとか単純だとか思えるかもしれない。だが、実を言うと、それは人の問題の根本に達するものであり、創造的な変革への道を開くものなのである。

思考を誤ったほうに導く基本的な事物を、もう一度考えてみよう。前にも述べたが、思考は現実を生み出し、あとになって、そんなことをしなかったと述べたり、ほのめかしたりするものだ――思考がひとりでに発生するとか、思考が「問題」を構成しているとかいった考えが、誤った道へ通じている。そんな考え方は絶対にやめるべきである。さもなければ、問題の発生を阻止できないはずだ。思考によって絶えず「問題」が生まれる限り、解決はありえない。ある意味で、思考は自分から生まれる結果を認識していなければならないが、今のところ充分にできているとは言えないだろう。それは「自己知覚」を意味する、神経生理学で「自己受容感覚」と呼ばれるものに似た何かと関係がある。体は自分の動きを自覚できる。体を動かしたとき、人は意思と行動とが関連していることに気づくはずだ。動こうという衝動と、動きとはつながりがあると思われる。さもなければ、生きていられないだろう。

ある女性が、どうやら真夜中に脳卒中の発作を起こしたらしいことがあった。彼女は目を覚まして、自分自身を殴っていた。家の者が部屋へ来て明かりをつけてみると、その女性は自分を殴っているところだったのだ。彼女の運動神経は働いていたが、知覚神経はもう働いていなかったというのが、ことの次第である。おそらく自分の体に触れたが、触れているのが自分だとわからなかったのだろう。そのため、誰かにさわられていると思い込み、相手を攻撃してやめさせようとした。彼女が自分をかばえばかばうほど、攻撃もひどくなった。自己受容感覚がだめになっていたからだ。彼女は動こうとする意思と、その結果との関連がもはやわからなくなっていたのである。部屋の明かりがつくと、見えるようになったことによって、別の意味での自己受容感覚が生じたのだった。

問題は、思考にも自己受容感覚があるのかどうか、ということだ。人は思考しようとする意思を持っているが、たいていはそれに気づいていない。思考するのは、考えようという意図が働くからである。問題が存在し、考える必要があるという発想から、こうした意図が生まれている。もし、観察していれば、考えようとする自分の意思や考えようという衝動に気づくだろう。そのあとに思考が生まれ、そこから感情が発生するかもしれない。それがまた、思考しようとする別の意思を生み出す、という具合に続いていく。そういった点に気づかなければ、思考がひとりでに生まれてくるように思える。そして感情なども、勝手に発生するように見えるのだ。そうした状況が、先ほどあげた女性の事例のような間違った解釈へ通じる。何かを考えたとき、あなたは好ましくない感情を抱く場合があるかもしれない。するとたちまち、このように言うだろう。「こんな気持ちは追い払ってしまわなければ」と。だが、あなたの思考はなおも働き続ける。絶対的必要性があると見なされている思考の場合はなおさらだ。

実を言えば、我々が論じてきた問題はどれも基本的に、この自己受容感覚の欠如が原因である。想定を保留状態にする目的は、自己受容感覚を可能にするのを助けるためだ。自分の思考の結果を見ることができる、一種の鏡を作り出そうというのである。人は自分の中にも鏡を持っている。人の体はいわば鏡として働いており、体内に緊張が生じた場合、それを見ることができるからだ。他人もまた、鏡としての役割を果たしている。グループも同様である。人は自分の意図に気づかねばならない。それができれば、何かを言いたい衝動に駆られたのとほぼ同時に、言った場合の結果がわかる。

もし、誰もが注意を払い続けているなら、人々の間に、もしくは個人の中にすら、自己受容感覚を備えた新しい種類の思考が生まれるだろう。そして、思考がたいてい陥りがちな混乱に陥ることはない。つまり、自己受容感覚のない状態にはならないのである。人類の問題はすべて、思考に自己受容感覚がない事実が原因だと言っていいほどだ。思考は絶えず問題を生み出し、それを解決しようとしている。しかし、問題を解決しようとして、さらに悪化させてしまう。というのも、問題を作り出しているのが思考そのものだと気づいていないからだ。そこで、考えれば考えるほど、さらに問題が発生する――思考が自分の行動に対して、自己受容感覚を働かせていないせいである。もし、体がそんな状態なら、たちまち厄介なことになり、長くはもたないはずだ。仮に、我々の文化が同様の状態なら、文明もやはり長続きしないだろう。このように、違う種類の意識を集団が生み出すのにも、対話は役に立つのである。

集団としての参加

人々がともに考えるということは、すべて集団的思考の一部だ。人はある段階で、敵意を抱かずに他人と意見を分かち合い、ともに考えられるようになるだろう。だが、自分の意見を守るときにはそうした行動がとれない。人が考えを共有する例をあげると、まず誰かがアイデアを思いつき、別の誰かがそれを取り上げ、そしてまた別の誰かが思いつきをつけ加える、というようになる。多数の人間がそれぞれ他人を説得したり、納得させることを試みたりするというよりは、思考が流れているといった状態だろう。

初めのうち、人は他人を信用しようとしない。だが、対話の重要性を悟れば、それに取り組むものと思われる。そして互いがわかるようになれば、相手を信用し始めるだろう。それには時間がかかるかもしれない。最初、あなたは文化や社会のさまざまな問題を抱えて対話グループに入るだけである。こうしたグループはどれも社会の縮図だ――あらゆる種類の意見があり、人々は互いを信用していない、というように。そこで、あなたはそんな状況から活動を始めることになる。おそらく初めのうちは、さして意味のないことだけが話題になるだろうが、時間が経つにつれて、そうした傾向は薄れていくはずだ。最初の頃、人が表面的な事柄しか話さないのは、もっと突っ込んだ話をすることを恐れるからである。やがて徐々に、人々は互いを信頼するようになっていく。

対話の目的は、物事の分析ではなく、議論に勝つことでも意見を交換することでもない。いわば、あなたの意見を目の前に掲げて、それを見ることなのである――さまざまな人の意見に耳を傾け、それを掲げて、どんな意味なのかよく見ることだ。自分たちの意見の意味がすべてわかれば、完全な同意には達しなくても、共通の内容を分かち合うようになる。ある意見が、実際にはさほど重要でないとわかるかもしれない――どれもこれも想定なのである。そして、あらゆる意見を理解できれば、別の方向へもっと創造的に動けるかもしれない。意味の認識をただ分かち合うだけということも可能だ。こうしたすべての事柄から、予告もなしに真実が現れてくる――たとえ自分がそれを選んだわけではなくても。

もし、同じ部屋にいる一人ひとりが目の前に掲げられるなら、誰もが同じ行動をとっていることになる。つまり、誰もがすべてをともに見ているわけである。我々の意識の内容は本質的に変わらない。そこで、違う種類の意識が我々の間で可能になる。それは「参加意識」である――これも意識には違いないが、自分が参加することを率直に受け入れ、しかも自由に参加できるというものだ。我々の間では多様なやり取りが交わされる。各自が参加し、グループの中に存在する意味全体を分かち合い、さらに活動に加わる。そのような行動が真の意味での対話であろう。

こうした行動をとって、うまくやっていけるなら、より重要なものが生まれてくるだろう。グループの全員があらゆる想定を共有するようになるということだ。もし、すべての想定の意味を全員がともに考えれば、意識の内容は本質的に同じになる。しかし、各自が異なった想定を持ち、それを守ろうとするなら、おのおのが違う内容の意識を持つことになる。というのも、他人の想定に真の意味では参加していないからである。人の想定と戦い、それを押しのけているわけだ――相手を納得させようとか、説得しようとして。

対話では、人を納得させることや説得することは要求されない。「納得させる（convince）」という言葉は、勝つことを意味している。「説得する（persuade）」という語も同様である。それは「口当たりのいい（suave）」や「甘い（sweet）」と語源が同じだ。時として、人は甘い言葉を用いて説得しようとしたり、強い言葉を使って相手を納得させようとしたりする。だが、どちらも同じことであり、両方とも適切とは言えない。相手を説得したり、納得させたりすることには何の意味もないのだ。そうした行動はコヒーレントなものでも、筋の通ったものでもない。もし、何かが正しいのであれば、それについて説得する必要はないだろう。もし、誰かがあなたを説得せねばならないとしたら、おそらくその人間はなんらかの疑念を抱いているはずである。

誰もが意味を共有できるならば、それはともに参加していることになる。共通の意味を分かち合うわけである――食物を分かち合うのと同じように。我々は関わりを持ち、コミュニケーションをとり、共通の意味を作り出す。それが参加するということであり、「ともにする」とか「加わる」という意味でもある。こうして参加することによって、共通の考え方が生まれるが、これは個人を排除することにはならない。個人はそれぞれ別の意見を持っていて、そうした意見が徐々にグループの一部にもなっていく。

要するに、誰もがかなり自由な存在である。意味の共有という考え方は、集合意識に支配されている暴徒のものとは違う――まったく異なっているのだ。それは個人と集団との間に存在するものであり、そこを動き回ることができる。そして個人と集団との調和を取っている。その中ではすべてがコヒーレントに絶え間なく動いている。つまり、集合意識と個人意識という、二つの意識が存在し、その両者の間をあたかも川の流れのように意味が流れているのだ。したがって、意見というものはあまり重要ではない。最終的に、すべての意見からどれかを選択することになるかもしれないが。やがて、我々はそうした意見を超えて、別の方向へ、つまり創造的な新しい方向へと動き始めるのである。

新しい文化

社会とは、人がともに働き、ともに暮らすために、人によって作られたいくつもの人間関係の結びつきである。社会はルールや法律、制度などさまざまなもので結ばれている。それらは人が考え出し、取り入れることに同意し、実行に移したものである。その背景には文化が存在する。文化とは意味を共有するものだ。たとえば、ある政府を組織したいという場合でさえ、どんな種類の政府を望むか、優れた政府とはどんなものか、正しい政府とは何かといった共通の意味に人々は同意しなければならない。文化が異なれば、政府の機能も異なるだろう。もし、同意できない人々がいれば、政治闘争が生まれる。それが高じると、内戦にまで発展するのである。

社会とは共通の意味に基づくものであり、それが文化を構成していると私は考える。コヒーレントな意味を共有できなければ、優れた社会は作れない。現在、一般的に社会が持っている意味は非常にインコヒーレントである。実のところ、この「意味の共有」があまりにもインコヒーレントなため、なんらかの意味が本当にあるとは言いがたい状態だ。ある程度の意義がないわけではないが、高が知れている。おしなべて、文化とはインコヒーレントなものだ。そして、我々はほぼインコヒーレントな考えをグループに——あるいは社会の縮図やミクロ文化に——持ち込んでいるのである。

しかし、あらゆる意味が一つになって現れるなら、コヒーレントな方向へ進めるかもしれない。

このプロセスの結果、自分で持っていた意味の多くを、あっさりと簡単に捨ててしまう人がいると考えられる。だが、そうしたものをただ受け入れたり、はねつけたりすることから始めてはいけない。重要なのは、すべての意味がコヒーレントにならない限り、真実にたどりつけないということである。過去のあらゆる意味と現在のあらゆる意味はともに存在している。まずはそういった点を理解せねばならないが、そのあとは成り行きにまかせよう。すると、ある種の秩序が生まれてくるだろう。

こうした行動をやり遂げられれば、グループにはコヒーレントな意味が生まれ、新しい種類の文化が芽生えるはずだ――私の知る限り、実際には存在したことのない種類の文化である。たとえ存在したとしても、はるか昔に違いない――たぶん、原始的な石器時代の集団のどこかだろう。そのような文化は、社会が機能するために、究極的には社会が存続するために必要なものである。

そうした文化を持ったグループは、より大きな文化の中では微生物のように微小な存在かもしれないが、やがてさまざまな方法で活動を広げていくだろう――新しいグループの立ち上げによるだけでなく、このような概念を伝え合う人々によっても。

しかも、対話の精神は、さらに小さなグループでも、一対一の間でも、個人においてさえも働くものだとわかるはずだ。もしもある人が、すべての意味を一つのものとして心の中に抱けるなら、対話する態度を備えていることになる。彼は対話して、言葉や言葉以外の手段で他人とコミュニケーションをとれるだろう。理論的には、こうした行動が広まっていくはずである。今日、対話に関心を持っている人は多い。関心はますます高まっている。対話の概念を考える機が熟しているようだし、それはおそらくさまざまな分野に広がっていくだろう。

社会が適切に機能し、存続していくには、こうした概念が必要だと私は考えている。さもなければ、社会全体が崩壊するに違いない。意味の共有は、社会を一つに接合する、まさにセメントのような役目を果たしている。現在の社会には非常に質の悪いセメントしかないと言っていい。もし、ひどく粗悪なセメントでビルを建てれば、ひび割れて崩壊してしまうだろう。我々には適切なセメント、質のいい接着剤が絶対に必要である。それは、意味の共有というものなのだ。

対話における問題

ここまでは、対話のポジティブな面について話してきた。だが、対話への試みは非常に欲求不満の募るものにもなりうる。私は単なる理論としてではなく、経験からこう述べている。いくつかの問題について語ってきたが、こうした問題に関する意見はどれもいらだたしいものだ。不安な要素もあるかもしれない。それに加えて、どんな規模にしろ、グループで対話しようとすれば、他にも問題が出てくるだろう。自己主張したがる人もいるはずだ。それが、物事に取り組むときの、そのような人々のやり方だからである。彼らは苦もなく話し、支配的な立場に立つ。自分が支配者だというイメージを持っているのかもしれないし、そこからある程度の安心感や高揚感を得られるのだろう。しかし、話すことにそれほどの自信がない人たちもいる。彼らは気後れしがちで、支配的な人がいる場合には特にその傾向が強まる。自信がない人々は、自分が笑い者にならないかといった類のことを恐れているのだ。

人が選ぶ役割はさまざまである。支配者的な役割を選ぶ者もいれば、支配されやすく、弱くて非力な人間という役割を選ぶ者もいる。そうした人たちが、いわば互いに協力して働いているわけである。こういった「役割」は実を言えば、想定や意見に基づいたものだが、対話する上での障害にもなるだろう。いずれにしても、人は自分自身についていくつかの想定を持っている。しかも子供の頃から、おまえはこんな性格だとか、あんな人間だのこんな人間だのと、みんなに言われてきたのだ。良い経験にせよ、悪い経験にせよ、人はさまざまな経験を積んできている。こうした事柄が、対話しようとしたときに浮上してくる問題の一部なのである。

さらに問題なのは、早く話をして自分の主張をわかってもらわねばと、強迫観念に近いほどの衝動やプレッシャーを人が感じがちな点だろう。その人が「おしゃべりな人」である場合はなおさらだ。たとえおしゃべりでなくても、そうしたプレッシャーは感じるだろうが、人は怯えると尻込みするものである。そのため、話されている内容に専念し、じっくりと考える余裕がないことになってしまう。人々は話に加わりたいというプレッシャーにさらされ、自分が取り残されたように感じる。こうしたごく初歩的な理由のせいで、コミュニケーション全体がだめになる。これはさほど困難な問題ではないが、対処しなければならない。グループに入る余地がないとき、人は何であろうと心に浮かんだことを話して、輪に加わろうとする場合が多い。しかし、その半面、話す事柄を胸の内に温めること――こちらを言おうとしてみては、また考え直したりすること――もやめるべきである。そんな行動をとっている間に、会話は別のものになってしまう。ある時点であなたが立ち止まって考えたとすれば、何かを思いついた頃には話題が変わっている。そして、あなたが言おうとしたことはもう的外れになっているのだ。「それはどんな意味だろう？　私はどう言えばいいのか？」と考えているうちに手遅れになる。話題が移ったからだ。つまり、急いで話の輪に飛び込むのではなく、いつまでも口を開かずにいるのでもない、微妙な状況がその中間に存在する。また、沈黙すべきときなどもあるだろう。

そこで、対話に関する「ルール」というものはないが、従えば役に立つ、ある種の原則を覚えるといいかもしれない――たとえば、話す機会を誰にでも与えるべきだ、といったことである。こうしたものをルールと見なさなくてもいい。むしろ、ルールめいたものを感じ取り、実行に移せるようになろう。そうすれば、役立ちそうな手段の必要性や価値がわかるはずだ。

また、自分の考えや目的にグループを従わせたいと思う人がいれば、おそらく対立が生じるだろう。対話グループは、その活動が取り組む価値のあるものだと同意できる人を対象にしている。それに同意できない人は、グループにいる理由がない。グループが活動を開始して継続するうちに、去る者もいれば、加わる者もいると気づくことがよくある。「どうやらこれは私に向かないな」と感じる人もいるのである。

さて、グループ内での欲求不満にはどう対処すればいいだろうか？　前にも述べたように、あなたは腹を立てることもあれば、いらだちを感じたり、怯えたりすることもあるかもしれない。あなたの想定があらわにされて攻撃されたり、他人の意見を非常識だと思ったりするときもあるのではないか。また、リーダーが不在で議題がなく、「するべきこと」が何もない点に驚いたり、不安に感じたりする人もいるだろう。そうしたすべての問題に対処しなければならないのだ。

こうした問題は必ず起きてくる――私が見てきたどのグループでもそうだった。それを避けるのはまず不可能だ。となると、こんな疑問が生まれると考えられる。「だったら、こんなことを続ける意味は何だろう？」。だから、我々はその意味を探さねばならない。

対話のビジョン

私が「対話のビジョン」と呼ぶものについて話したい。別にそれを受け入れなくてもかまわないが、対話を知る方法になるかもしれない。この「対話のビジョン」を使うと仮定し、感情のもつれ――あらゆるいらだちや欲求不満――に直面しているとする。実は非常に強い想定がある場合、そうした感情のもつれは憎悪へと成長するのだ。そのような憎悪は神経生理学的なものだと言っていい。非常に強力で科学的な障害であり、今や世界的な風土病である。どこを見ても、憎しみ合う人々がいる。そこで、この「対話のビジョン」を使うと想像してみよう。そうすれば共通の洞察力が得られるだろう。すなわち、誰もが同じ立場にいるということだ――どんな人も想定を持ち、自分の想定に固執し、神経的に不安な状態にある。根本的なレベルでは、人の状態は同じなのだ。表面的な違いはさほど重要ではない。

グループ内に、「接触境界」★2のようなものを見いだすのは可能である。思考プロセスは生体プロセスの延長線上にあり、あらゆるボディランゲージなどがそうした「接触境界」を伝えている。人はかなり親密な接触をしているものだ――憎悪とは、非常に緊密な絆なのである。私はこんな話を聞いたことがある。人はとても親密に接触している場合、自分にとって非常に重要な話をするとき、全身を使って打ち込むものだ、と――関心をそそぎ、アドレナリンを放出し、神経を集中させるのである。他人とそうして親密に接する程度は、自分の体の一部、たとえば爪先などに触れるよりもはるかに強い。つまり、ある意味では、そのような接触の中で「一つの体」ができているようなものだ。さらに、誰もが他人の意見に耳を傾け、判断を下すことなしに意見を目の前に掲げて、自分の意見を他人のものと同様の土台に立たせるなら、「一つの心」を全員が持つことになるだろう。誰もが同じ内容のもの――あらゆる意見や想定――を持っているからである。その時点においては、相違点などは二の次だ。そして、人は一つの体、一つの心、という感覚を得られる。そう感じたからといって、個人が消えてしまうわけではない。個人的には賛成できない事実があっても、葛藤は生じないのである。自分が賛成か否かは重要ではない。賛成しなければだめだとか、反対すべきだとかいうプレッシャーはないのだ。

重要な点は、別のレベルでの一種の絆、集団的仲間意識と呼ばれるものを作る性質が人にはあることだ。それには互いが知り合いでなくてもいい。たとえば英国では、サッカーを観戦する人たちは競技場で席に座るよりも、ひとまとまりになって立っているほうを好む。こうした群集の大半は面識のない者同士だが、何かを――絆を――感じているのである。それは個人のありふれた人間関係の中では失われているものだ。また戦時には、平和なときにない、一種の仲間意識を感じる人が多い。これも状況は同じだ――緊密なつながり、仲間意識、ともに参加しているという意識である。独立した個人を賛美する我々の社会には、こうしたものが欠けていると感じる人が多いのだろう。共産主義者たちは別の意味での仲間意識を作ろうとしたが、惨憺たる結果となった。今では共産主義者の多くが、普通の人々と同様の価値観を取り入れている。それにしても、そうした価値観に満足していない人は多い。自分が孤立しているように感じるのである。世間で「成功した」と見なされる人でさえ、孤立感を覚え、自分が見落とした何か別の面があるのではないかと思っているのだ。

こうした状況だからこそ、対話が必要なのだと私は主張したい。人には対話が必要不可欠なのである。この理由は、ここまで述べてきたあらゆる困難を切り抜けられるくらい強力なはずだ。一般に、人は自分が重要だと思うものについては、どんな困難も受け入れる心構えができているらしい。たとえば、仕事をすることや金を稼ぐことは困難な場合が多い。不安も生まれる。それでも人々はこう言う。「それは重要なんだ！　頑張らなくては」。人はあらゆる事柄に同じような感情を抱くはずだ。対話が重要であり、必要だと見なせば、我々はこんなふうに言うだろう。「対話に専念しよう」と。だが、対話に必要性を感じなければ、こう言うに違いない。「で、何が重要だというんだ？　対話なんて煩わしすぎる。やめてしまおう。別に何もいいことはないんだから」。おわかりだと思うが、何か新しいものに取り組むときは、しばらく模索しなければならない。科学においても、その他どんなものにおいても、模索しているときは、どこにも到達できない期間を切り抜けなければならないのが普通だ。とはいえ、こうした状態は非常に気が滅入るものである。

自分たちの衝動や想定をすべて目の前に掲げ、よく見ることができるなら、誰の意識も同じ状態になるだろう。その結果、多くの人が得たいと望むもの——共通意識——を築くことになる。それはさほど楽しいものでないかもしれないが、手には入ったわけである。共通意識は「至福の共有」であると考えられがちだ。至福の共有もありうるかもしれないが、そうだとしたら、そこへは共通意識を通じて到達するのだろう。我々は、抱いている意識を、嘘偽りなく分かち合わねばならない。他人に意識を押しつけるだけではだめだ。もし、困難をともにして、相反するさまざまな想定を共有し、共通の怒りなども分かち合って、そのままの状態でいるならば——つまり、誰もがともに怒り、その状態を一緒に考えるなら——共通意識を持つことになるだろう。

たとえ人々が権力や暴力、憎悪などからなかなか離れられなくても、いずれそうした状態はなくなる。結局のところ、人はみな同じなのだということに気づくからである。その結果、人々は感情を共有し、友情を育むようになる。このような状況を経験してきた人々は、固い友情を結ぶことができる。あらゆるものが大きく変化する。人々はよりオープンになり、互いをさらに信用するようになる。恐れていた状況をすでに乗り越えたため、今度は知性が働くのだ。

こうしたことと関連した話をしよう。私の知人に、ロンドンで児童精神科医をやっている者がいた。かつて彼のもとに、重い情緒障害のある七歳の少女が診療に連れてこられたことがあったという。少女は誰とも口をきこうとしなかった。どうにか話すようにならないものかと、彼女は診療を受けさせられたのだ。そこで精神科医は一時間あまりにわたって手を尽くしたが、何の効果もなかった。とうとう業を煮やして彼はきいた。「どうして僕としゃべらないのかい?」。少女は答えた。「おじさんが嫌いだから」。状況を打開するには時間をかけねばならないだろう、と精神科医は思った。そこでこう尋ねた。「いつまで僕を嫌うつもりかな?」。少女は言った。「一生よ」。それを聞いて少し心配になった精神科医は、また時間を話題にして尋ねた。「一生って、いつまでかな?」。すると少女は噴き出してしまい、頑なな態度は消えたのだった。今や、少女はエネルギーを取り戻していた。彼女は自分の言葉の不条理さに気づかされたのである——つじつまが合わない、と。少女は精神科医を一生嫌うつもりだと言ったが、そんなことはありえないと自分でもわかっていた。それなら、医師に嫌悪の感情を持ち続ける必要もないというわけだ。

人が腹を立てるときには理由や原因がある。「自分が怒っているのはこのせいだ」とか「あれが原因だ」などと言うように。激怒や憎悪の要因は、ある時点で、もう特に理由のないものとなる――それはただ持続するだけだ。憎悪のエネルギーはいわば人の中に貯めこまれ、放出される機会を探しているのである。同じことがパニックにも言える。通常、人は自分の恐怖心の理由を知っている。だが、パニックに駆られると、恐怖心がひとりでに生まれてくる。もっとも、そうした段階で行き渡るエネルギーは、創造性のエネルギーのように漠然としているかもしれない――すなわち、理由なきエネルギーなのである。

とはいえ、人が守っている意見には多大な暴力性が秘められている。それは単なる意見ではなく、ただの想定でもない。我々が自分と同一視する想定なのだ――人が意見を守るのは、自分自身を守っているように感じるからである。ジャングルに踏み込んだときに抱くはずの自然な自己防衛の衝動が、ジャングルの動物から、こうした意見へと対象を移したわけだ。別の言い方をしよう。危険な虎と同じように、世間には危険な意見がいくつも存在している。そうしたものから、我々は自分の心の中にいる、とても貴重な動物を守らねばならない。つまり、ジャングルでは自然の法則によって筋の通った衝動が、現代の生活においては、我々が持っている意見へと姿を変えたのである。そうした行動が、対話の中で集団的に行われていることに気づくだろう。

このように自己防衛的な態度――防御をめぐらし、想定を保持して固執し、「私が正しいに決まっている」などと主張すること――を続ける限り、知性には限界が生じる。なぜなら、知性は想定を正当化しないことを要求するからだ。正しくないという証拠があれば、その想定を保持する理由はない。想定や意見のあるべき構造は、それが正しくないかもしれないという証拠を受け入れる態勢ができていることだ。

だからといって、グループ全体としての意見を強制するわけではない。集団での意見は厄介なものになりがちだ。グループはメンバーに強力な罪悪感を与える、いわば良心的存在の役割を果たすかもしれない。というのも、みんなが賛成することなら真実に違いないと、我々は思いがちだからである。誰もが異なった意見を持っているかもしれないし、持っていないかもしれない——それはさほど重要ではない。同じ見解を持てと、全員を説得する必要はないのだ。考え方を共有すること、良心を分かち合うという態度のほうが、意見の内容よりもはるかに重要である。いずれにせよ、こうした意見には限界があることに気づくだろう。答えが意見の中ではなく、別の場所にあると気づくかもしれない。真実とは、意見から生まれるのではなく、別のものから生まれると思われる——おそらく暗黙的な心のもっと自由な活動から。したがって、真実を明らかにしたい、または真実を共有したいというなら、意義をコヒーレントなものにしなければならない。対話が非常に重要な理由はそこにある。もし、意義がインコヒーレントなものなら、真実の共有など不可能だろう。

こうした新しい取り組みは、全世界の状況を変える方法への突破口になると思われる——生態学的な面や、その他の面でも。たとえば、エコロジー運動、「環境保護運動」は今や断片化や分裂の危機にさらされている。こうした活動団体の多くが、問題への対処についてそれぞれ異なった考え方をしているからである。そのため、環境と闘うのと同じくらい、各団体同士が闘う結果になっている。そこで、環境保護運動の団体には、対話の習慣を早急に身につけることが特に求められているようだ。

環境を案じる人々が、地球上の問題のいくつかに気づいているのは疑いもない。しかし、彼らの多くが自分たちの想定や、暗黙的な思考プロセスには気づいていないのではなかろうか。この点にはっきりと注意を促すことが重要だと、私は考えている。そうすれば根本的な問題が何か、明確になってくるだろう。対話の習慣と環境保護の活動とは両立する。河川をきれいにし、樹木を植え、鯨を救うといった活動は、対話とともに、また思考の一般的な問題を考えることとともに行うべきだ。そうしたすべての行動が一つのものなのである。というのも、このような活動のどれ一つとして、それのみでは充分でないからだ。もしも、我々がみな、思考について長々と話して考えるだけなら、その間に地球は破壊されてしまうかもしれない。だが、最も意義深いことが起きる心理プロセスの暗黙的なレベルでは、対話が役立つだろうと私は思っている。

人々が異なった想定や意見を持つ状況、ある派閥が関心を示しても、他の派閥は関心を示さないといった状況は存在する。それでも、なんらかの形で対話しなければならない。たとえ参加しない派閥があっても、意欲的な人々は、自分の思考と他人の思考との間の対話に加われるだろう。少なくとも、仲間内でできるだけ対話することは可能だし、自分自身と対話することもできるかもしれない。それが対話の態度である。こうした態度が広まっていけばいくほど、いっそうの秩序がもたらされるだろう。何か創造的なことを本当に実現できれば、暗黙的なレベルで他人に影響を与えられるかもしれない。それこそ暗黙的なレベルでコミュニケーションをとるということなのだ。言葉を使って、あるいは言葉など使わなくても。しかし、人々がいつまでも前と同じ行動を繰り返していれば、そんな状況にはなるまい。

対話や共通意識についてのこのような概念は、集団としての問題から抜け出す方法が何かあることを示唆している。そして我々は、いわば物事の原点から始めなければならない。たとえば国連のトップの人間たちや、大統領から始めるのではなく。米国務省には、対話に関する考え方に通じた人々がいるようだ。それは対話についての概念がかなり浸透し、組織のトップにまで達するかもしれないことを表している。現代の世の中では、話が非常に速く伝わることが可能だと示しているのだ――初めのうち、そんな点はさほど重要でないように見えるかもしれないが。三段階ないしは五段階ほどを経れば、あらゆる階層の者にまで話が届くだろう。有害な話題が伝わるのと同様に、対話という概念も伝わるのである。

対話についての欲求不満を抱えるうち、人の行動の意味は初めよりもいっそう明確に現れてくるかもしれない。実際のところ、人は問題の一部である代わりに、解決の一部になったと言っていいだろう。言い換えれば、我々の行動そのものが、解決という性質を持つようになったわけだ。行動が解決の一部なのである。どれほど小さくても、問題という性質ではなく、解決の性質を持つ行動が存在する。また、どれほど大きくても、解決という性質ではなく、問題の性質を持つ行動もある。したがって重要な点は、解決の性質を持った何かから始めるべきだということだ。

前にも述べたが、こうした行動がどれくらい速く、あるいは遅く広まるかはわからない。心の中の動き――思考プロセスの中での、そして思考プロセスを超越した状態での思考の共有――が広まる速度はわからないのだ。

人はときに、こんなことを言う。「本当に必要なのは愛だけだ」と。それは真実かもしれない――もしも世界共通の愛があるなら、すべてうまくいくはずだ。しかし、そんなものが存在するとは思われない。だから、うまくいく方法を探さねばならないのである。たとえ欲求不満や怒り、激怒や憎悪や恐怖があっても、そうした感情をすべて受け入れられる何かを見つけなければならない。

この点を説明するために、二十世紀を代表する二人の物理学者、アルベルト・アインシュタインとニールス・ボーアに関する話を述べよう。アインシュタインは初めてボーアに会ったときに親しみを感じたことを、振り返っていた。彼はボーアに対する好意の気持ちを書き記している。二人は物理学について非常に活気に満ちた討論を戦わせたりしていたのである。しかし、真実へ至る道についての、二人の想定や意見の違いがとうとう相容れない地点にまで達した。ボーアの意見は量子論の見解に基づき、アインシュタインの意見は相対論に基づいていた。二人は非常に忍耐強く、友好的な態度で何度も議論を戦わせた。それは何年にも及んだが、どちらも妥協することはなかった。それぞれが前に述べたものと同じ見解を繰り返すだけだった。そしてついに、それ以上の議論は無駄だと悟り、二人は次第に距離を置くようになったのである。その後しばらくの間、互いに会うこともなかった。

するとある年、プリンストン高等研究所でアインシュタインとボーアが同席することになった。だが、二人は依然として顔を合わせようとしなかった。数学者のハーマン・ウェイルはこう言った。「彼らの対立が解ければすばらしいのに。こんな状態は残念だよ」。そこでウェイルはパーティを開き、アインシュタインとボーア、およびその生徒たちを招待した。アインシュタインと彼の仲間たちは部屋の一方の隅にいて、ボーアとその仲間たちは別の隅にいた。アインシュタインとボーアの対立は解けなかった。二人には話すことがなかったからだ。彼らはそれぞれ自分の意見が真実だと感じていたため、どんな意見も共有できなかったのである。自分が真実を知っていると確信しており、相手のほうも自分が真実を知っていることに確信を持っていた場合、その二つの真実が相容れなかったら、意見の共有などできるはずはない。意見を分かち合えるはずがないのだ。

したがって、真実という概念には用心すべきである。対話は真実と直接的には関係がないかもしれない――真実に到達することはあるかもしれないが。対話が直接、関係しているのは「意味」である。もしも意味がインコヒーレントなものなら、真実には決してたどり着けない。あなたはこう考えるかもしれない。「私の意味はコヒーレントなものだが、他の人の意味はそうではない」。だが、そんな場合、意味を共有することにはなるまい。たとえそれがどんなに慰めになるものでも、あなたが持っている「真実」は、自分自身か、自分のグループのためのものにすぎないのだ。しかも、対立は依然として続くだろう。

意味を共有し、真実を分かち合うことが必要なら、違う行動を起こさねばならない。ボーアとアインシュタインは対話をすべきだった。二人が対話できたはずだと言っているわけではない。だが、対話をしたならば、彼らは相手の意見にきちんと耳を傾けられたかもしれない。そして、二人とも自分の意見を保留し、相対論と量子論を超えた新しい理論にたどり着いただろう。原理上は、そうした業績を彼らが成し遂げたかもしれないのだ。だが、当時の科学者たちに、こうした対話の概念が思い浮かんだとは考えられない。

科学者たちは、科学が真実に――唯一の真実に――到達しつつあるという概念に根拠を置いている。そのため、対話という考え方は、現代の科学の構造にはいくぶん異質なものである。宗教についての考えと同じように。ある意味で、科学は現代の宗教的存在になっている。人々に真実を与えるという、かつて宗教が担っていた役割を科学が演じているのだ。だから、真実に対する概念が異なる科学者同士が協力し合えないのは、異なった宗教同士の場合と同じである。科学者のマックス・プランク[★3]はこんなことを言った。「実のところ、新しい考え方が勝利を得ているわけではない。昔の科学者たちが亡くなり、新しい考え方を抱いた新しい科学者たちが現れてくるというのが、実際に起きていることだ」。しかし、この意見が正しくないのは明らかである。科学が他の方法をとれないわけではない。もし、科学者が対話に携わることができれば、それは科学における――科学の本質における――急進的な革命となるだろう。実際、理論的には、対話に含まれている概念に科学者は取り組んでいるのだ。彼らはこう言っているのだから。「我々は耳を傾けなければならない。いかなるものも除外すべきではないのだ」

しかし、そのような行動をとれていないことに科学者たちは気づいているだろう。それは誰もが共有するもの――想定と意見――を科学者も共有しているせいだけでなく、真実を得ようとすることが、今日の科学を定義する概念でもあるためだ。思考に「あらゆるもの」を理解する能力があることを疑う科学者はほとんどいない。しかし、それは妥当な想定ではないかもしれない。というのも、思考とは抽象的な概念であり、本質的に限界があるものだからだ。「全体」という考え方はあまりにも範囲が広い。思考が全体を把握することはありえない。思考は何かを抽象化するだけだからである。限界があり、範囲を定めているのだ。そして、思考が中身を引き出している過去には、ごく限られた量のものしかないだろう。現在のことは思考の中に含まれていないため、分析を行っている瞬間についてまでは、実際のところ分析できないのである。

また、相対主義者という人たちがいるが、彼らは、「いかなる命題も、絶対に正しいということはない」と主張する。しかし、相対主義者は自身の主張も正しくないという、パラドックスに陥っているのだ。彼らは相対主義が絶対的な真実だと信じて疑わない。したがって、どんな種類にせよ絶対的な真実に到達しつつあると信じている人々の場合、仲間内ですら対話などできないことは明らかだ。相対主義者同士でさえ、意見の一致を見ないだろう。

つまり、真実に到達する「道」というものは存在しないことがわかる。対話においてどんな道を共有しても、そのどれもが重要ではないと、最後にはわかるのだ。あらゆる道の意味を理解すれば、「道のない」状態に至ることになる。一皮むけば、どの道も変わらない。どれもが「道」だからである――それは厳然たる事実だ。

対話にはさまざまな欲求不満が存在すると述べたが、そういった困難をすべて切り抜ければ、あなたはもっといい友情を築けるかもしれない。もっとも、愛情を要求されるわけでも、友情を要求されるわけでもない。求められるものは何もないが、それでも友情は生まれてくるかもしれないのだ。もし、他人の思考がわかれば、それはあなた自身の思考となり、自分の思考として対処できる。感情的なもつれが発生したときは、影響を受けた場合、あなたはあらゆる感情のもつれも共有することになる。そうしたものも、すべての思考とともに持ち続けるわけである。ありがちなことだが、感情的なもつれが発生した場合、問題を大きくさせずにいくらか弱めるよう、誰かが干渉してもいい――「一生ってどれくらいかな?」と尋ねて問題をやわらげた、あの児童精神科医のように。または、問題を緩和するようなユーモアを口にしてもいいし、予測もできないような適切な言葉が出てくる場合もある。

ときには、自分が持ち出そうとしていた問題を、他人が持ち出すことがあるかもしれない。そんな場合は、おそらくグループ全体にその思考が潜在的に隠れていたのだろう。誰かがそれを口に出すかもしれないし、別の誰かが口にするかもしれない。そして、また別の人がその話題を取り上げて話す。もし、そのグループが本当にうまく機能していれば、そうした行動はすべてが一つのプロセスであるかのように、ともに考えるという行為――思考における共通意識――になるだろう。一つの思考が、共通のものとして形作られるのである。そして、もし誰かがまた別の想定を思いつけば、全員がそれに耳を傾け、その意味を共有する。このようなものが「対話のビジョン」となるだろう。

対話における鋭敏さ

これまで論じてきたことは、社会的には一般的でないが、コヒーレントな社会にするためには不可欠のものである。もし、政府やビジネスに携わる人々、あるいは国際的な枠組みの中で働く人々が、ここまで述べたような行動をとるなら、社会の働きも変わるだろう。しかし、そのためには、自分の中で何が起きているか、グループ内で何が起きているかがわかるという「鋭敏さ」が求められる。それは話にどう参加して、どう参加すべきでないかを知り、あらゆる微妙な手がかりや雰囲気を読み取り、そうしたものへの自分の反応を観察するという一種の手段である。人は言葉に表すのと同じように、心の内を態度で――「ボディランゲージ」によって――示すかもしれない。

人が意図的に感情を態度で表そうとしているのではなくても、そうした行動が生じることはわかるだろう。ボディランゲージはコミュニケーションの一部だ。言葉を伴う場合も伴わない場合もある。あなたは態度に表すつもりがまったくないかもしれない。態度に示していても、気づきさえしない場合もあるだろう。

鋭敏さとは、何かが起きていることを感じ取る能力だ。自分の反応の仕方や他人の反応の仕方を察知し、ごくわずかな相違点や類似点に気づくことである。こうした点をすべて感じ取るのが認識の基本なのだ。この感覚があれば情報は得られるが、そのためには細心の注意を払わなければならない。たとえば、とてもよく知っている人と通りですれ違った場合、あなたは「彼に会った」と言うだろう。しかし、その人がどんな服を着ていたかと尋ねられれば、答えられないかもしれない。というのも、本当の意味では見ていなかったからである。あなたはその知人に会ったことに対して、敏感ではなかったのだ。思考というスクリーンを通して相手を見ていたからである。そうした態度は鋭敏と言えない。

つまり、鋭敏さにはさまざまな感覚と、それ以上の能力とが求められている。感覚とは自分が反応する事柄に敏感であることだが、それだけでは充分でない。感覚は何が起きているかについて教えてくれるだろう。それから意識は、起きている事物を一つにつなげるために、なんらかの形を作るか、ある種の意味を作り出さねばならないのだ。したがって、意味とは、起きていることの一部なのである。あなたは意味に敏感かもしれないし、意味が見落としたものに敏感かもしれない。そう表現したければ、意味の認識と呼んでもいい。別の言い方をすると、意味とは、より繊細な認識のことである。起きている事柄を一つにつなげることなのだ。私が前に言ったように、それは「セメント」である。意味は静的なものではなく、流れている。もし、共有された意味があるなら、それは我々の間を流れ、グループを一つに結びつけるだろう。そのうち、自分の心の中で起きていることに対してだけでなく、グループに行き渡っているあらゆる微妙な意味合いに、誰もが敏感になる。そこから、意味の共有が形作られる。そうすれば我々は、コヒーレントに話したり、ともに考えたりできる。だが、総じて人は自分の想定にしがみついているため、ともに考えることができない。一人ひとりが勝手に思考しているのだ。

鋭敏さの障害となっているものは、自分の想定や意見を守ろうとする行為である。しかし、あなたが自分の意見を正当化しているとしたら、自分を批判して、「正当化すべきではない」などと言わないだろう。むしろ想定や意見を守っていると、それについて――その中にあるあらゆる感情や、すべての細かい意味合いについて――敏感でいなければならないと思うのが事実のはずだ。我々は、人を非難したり、批判したりするようなグループ作りを目標としているわけではない。そうした行動が障害になることは、誰でも理解できる。そこで対話グループでは、人を非難したり、批判したりしないことを目指している。あらゆる意見や想定を考え、それを表に出すだけである。そうすれば、そこになんらかの変化が起きるのではないかと私は思っている。

「存在すること」は何かと関係することだと、クリシュナムルティは言った。だが、関係とは、非常に痛みを伴うものになりうる。クリシュナムルティはこう述べた。あなたはあらゆる心理過程を考え、探り、そして克服せねばならない。そうすれば、何か他のものへ通じる道が開かれる、と。そのような事態が対話グループにも起こりうると私は思う。いくぶん苦しむ者もいるだろうが、すべてをうまくやり遂げなければならないのだ。

かつて、スウェーデンで対話集会を行ったとき、グループが二つの派閥に分かれたように見えたことがあった。「ニューエイジ」の人々が大勢おり、最初から、愛の美徳やら、この地には愛があふれているといったことやら、あらゆるところに愛があるといった話をし始めた。グループの残りの者たちはしばらく黙っていたが、次の一時間は口をききだした。彼らは、愛の話などすべて感傷的なナンセンスで、何の意味もないとほのめかした。あまりにも感情を高ぶらせて自制できなくなり、部屋から出ていった男性もいた。やがて彼が戻ってくると、ようやく全員がまた揃った。グループは真っ二つに分かれていたが、それは珍しくもない問題だった。二派に分かれていることに気づいたある人が、多少のユーモアを込めてこう言った。「ここには二つのグループがありますね。愛のグループと憎しみのグループとが」。その言葉で緊張状態は少し緩み、二つのグループの者たちはまともに話し始めた。必ずしも相手を説得することにはならなかったが、彼らは互いの見解の意味がわかるようになった。そして、この両極に分かれていたグループが話し合うことが可能になったのである。

さて、彼らが互いを説得したかどうかよりも、話し合えたことのほうが重要だ。何か違うものを生み出すためには、それぞれの見解を捨てなければならないと、気づいたのかもしれない。愛を好む人がいれば憎しみを好む人もいたとか、疑り深くて慎重でいささか皮肉屋であることを好む人もいたとかいった事実は重要ではない。実のところ、一皮むけば、誰もがみな同じだったのである。どちらの側も頑なに自分の見解にしがみついていたからだ。したがって、その見解に妥協の余地を見いだすことが、鍵となる変化だった。

概して、自分の意見を正当化している人は、深刻になっていないと言っていい。自分にとって不愉快な何かをひそかに避けようとする場合も、同様である。人生の大半は深刻なものと言えない。人は社会からそう学んでいる。あまり深刻になるべきではない、と——インコヒーレントな物事はいろいろとあるが、それについて打つ手は何もないため、深刻になって動揺しても仕方ないということを。

だが、対話では深刻にならねばならない。さもなければ対話ではない——私がこの言葉を使っている意味での対話とは言えないのだ。フロイトが口蓋の癌に侵されたときの話をしよう。フロイトのもとへやってきて、心理学におけるある点について話したがった人がいた。その人はこう言った。「たぶん、話などしないほうがいいのでしょうね。あなたはこれほど深刻な癌に侵されているのですから。こんなことについてお話したくないかもしれませんね」。フロイトは答えた。「この癌は命にかかわるかもしれないが、深刻ではないよ」。言うまでもなく、フロイトにとっては単に多数の細胞が増殖しているだけのことだったのだ。社会の中で起きていることの大半はこんな表現で言い表せるだろう——それは命にかかわるかもしれないが、深刻なものではない、と。

限界のある対話

人は家庭の中で対話をしていると感じることがある。しかし、家庭とは一般に上下関係があり、対話の精神とは正反対の、権威という原則に基づいて組織されたものだ。家庭は義務などを基本とした、非常に権威的な構造をしている。それに価値がないわけではないが、対話を進めるには難しい構造である。対話ができれば望ましいだろう――中には、できている家庭もあるかもしれない。だが、一般的には難しい。権威や上下関係を原則とすると、対話が行われる余地はないからだ。人は行動を起こすとき、権威や上下関係といったものから自由になりたいと願っている。物事を「機能させる」ためには、ある程度の権威が必要だろう。そこで、「目的」があるなら、なんらかの権威をどこかに取り入れなければならない。しかし対話では、目的や計画もなく、何かをすべき義務もない場合、権威だの上下関係だのはまったく不要だ。というより、権威や上下関係が存在せず、特に目的も設定されない場が必要とされるのである――そこはいわば空白の場であり、どんなことでも自由に話せるところだ。

前にも述べたが、もっと限られた性質の対話も可能である――おそらくなんらかの目的や目標を伴う場合だろう。その場合は、心を開放するという原則を受け入れるのが最善だ。限界を定めると、自分が作った限界に基づいた想定を受け入れることになるからである――それは自由なコミュニケーションの妨げになるかもしれないものだ。したがって、このような想定を考えてはいけない。

しかし、人々が完全に心を開いてコミュニケーションをとる用意ができていない場合は、できる範囲のことをすべきだろう。対話の原則を企業の問題に適用することに関心を抱く教授を、私は何人か知っている。最近、そのうちの一人が、オフィス家具を製造しているある企業の幹部たちと会合を行った。その会社はこうした会合を望んでいた。というのも、会社が効率的に機能していないことがわかっており、幹部はそれに納得していなかったからである。役員たちが抱いているあらゆる想定が、すべての障害となっていた。そこで、幹部たちはその教授を招いたのだった。教授が対話を始めると、幹部たちは非常に関心をそそられ、今ではこうした対話の機会を引き続き持ちたいと望んでいるという。

当然ながら、そうした類の対話には限界があるだろう――その対話に関わっている人々には明確な目的があるため、限界が生じる――が、それでも相当な価値は認められるはずだ。原則的に、とりあえず人々は互いの想定を知るようになり、それにきちんと耳を傾け、どんなものかがわかるようになる。相手の想定を正確に知らない人が、自分の推測に従って反応するといった問題はよく起こる。すると、その人は非常に困惑し、自分は何をしているのか、と悩むことになる。そして行動を起こすと、何もかもひどい混乱状態に陥ってしまうのである。そういうわけで、少なくとも人々が互いの想定を理解できるようになることは非常に重要だ。

その教授は興味深い事例を二つ話してくれた。一つは、ある企業に関する話だった。そこの幹部社員たちはあまり満足しておらず、互いに折り合いが悪いという問題を抱えていた。会社側のお決まりの解決策は、いわば甘い餌として、社員の給料をさらに上げることだった。そして月並みな能力の社員たちが、非常に高い役職に次々とついていたのである。そんな状態が続いたが、程なくして、高い給料をもらう社員が多くなりすぎ、会社側が支払えない状況になった。倒産しそうになったのである。そこで、会社側はこう考えた。「どうしたらいいだろう？　そうだ、誰か厳しい態度をとれる人を招いて、社員たちにこう言ってもらおう。『あなたは別の役職に移らなくてはなりません』と」。招かれた交渉役は、こう述べて新しい方針を説明した。「会社側には給料を払う余裕がありません」。だが、彼はこの問題から目をそむけていた。率直に、「こうした方針すべてが間違っている」とは言わなかったのだ。さて、もしも、その会社が効率的な経営を望むなら、社員同士の問題を緩和するためだけに、社員を高い役職につけたりしないといった、労使双方の合意があるに違いない。そんな経営方法を進めるのは誤りだ。そうした方法が間違っていることを誰もが理解しなければ、会社の経営は行きづまるだろう。そこで、対話が必要となった。要点を明確に見極めるため、互いが真の意味で話を始められるように。「我々はそんなふうに考えている。問題の原因はそこにあり、我々はこんな方法をとらねばならない」という具合にである。このように、企業が生き残るためという枠組みの中での対話は、限定された性質のものだ——我々が究極的に求めるような対話とは違うが、ある意味では悪くもない。

さて、人類もこうした例に倣わねばならないと私は思っている。この会社が陥っていたのと同じような問題に、人も陥っているからである。

二つ目の事例は、この交渉役自身のグループに関わるものだった。企業に出向いて、問題解決に力を貸すのが専門の人たちから成る、大学でのグループである。彼らも同じ目的——話をすること——を持って、自分たちの会合を開いていた。会合は何度も開かれたが、メンバーのうちの二人がどんな件でも絶対に話が合ったためしがなかった。一人は、問題を明らかにすることが正しい方法であるという想定を絶えず口にした——問題を相手に突きつけるべきだ、と。もう一人の想定は正反対で、そんなことをすべきではないというものだった。彼は話をさせてもらうことをまわりに望んでいた。話す余裕を与えてもらわなければ、何も言えないと感じていたのだ。最初の男性のほうは、話す余裕を与えようとしなかった。というわけで、この二人は折り合えなかったのである。しばらくの間、さまざまな点で混乱状態が続いた。片方の男性は話をさせてもらう機会を待っているのに対し、もう一人の男性はそうした事情を理解しなかったからだ。そのうちにやっと、二人は話すようになった。実は、どちらも自分の想定の裏に隠れていた、子供時代の経験を語ったためだった——それが互いの心を開くものとなったのである。

この間、進行役を務めていた人物はほとんど何の行動も起こさなかった。実際のところ、進行役にこう求めた者もいた。「あなたが説得したらどうですかね?」と。だが、進行役はときどき間に入って、現在の状況や、それにどんな意味があるかといったことについてコメントするだけでかまわない。もっと一般的なグループでは、いずれ進行役はただの参加者になることが求められている。しかし、企業のグループの場合には、こうしたやり方が通用しないだろう。進行役は単なる参加者ではいられない――そうしたグループは目的をかなり限定しているからである。

この二番目の事例は、個人的な要素が一般的な話の中に入ってくるべきなのはどんなときかという、一例になるかもしれない。というのも、人が子供時代に得た、あるいはさまざまな方法で手に入れた特別な想定が、障害になる場合もあるからだ。この例では、そうした想定を、最後に二人の男性は明らかにすることができた。彼らは互いを癒そうとか、セラピーを施そうとかしたわけではない。とはいえ、それは心理療法的な効果を与えたのだった。しかし、それは二次的な事柄である。

企業での対話なんて、腐敗した体制をさらに強めるだけのものにすぎないと感じる人々もいる。だが、そこにはなんらかの変化が芽生えているのである。社会に入れば、ほとんどすべてのものがこうした腐敗ゲームに関わっていることに気づくだろう。そのため、腐敗をすっかり取り除くことはできないのだ。経営者は会社を経営しなければならない。実のところ、どの企業ももっと効率的な経営ができるようになれば、人々の暮らしははるかに向上するだろう。我々が苦境に陥っている原因、社会が非効率的で、すべてが崩壊し始めている原因の一部は、企業が混乱状態にあることだ。もし、どんな政府や企業も効率的に機能できるなら、無駄はもっと減るだろう。たとえ、それだけではあらゆる問題が解決すると言えなくても。

社会が正しく機能するためには、こうしたことがすべて効果的かつ、コヒーレントに働かねばならない。米国でもどこの国でも、今日の状況を見てみれば、社会がコヒーレントに機能しているとは言えないだろう。企業の大半は実際のところ、コヒーレントに動いていない。そしてゆっくりと状況は悪化している。いかなる状況においても、こうした概念――対話という考えが芽生えていること――を持てるなら、その概念を人に気づかせることができるならば、それは進歩である。我々がこうして語っている類の対話を、国家のトップたちがするはずはないと思われるかもしれない。だが、どんなものであれ、彼らが対話し、ここで述べてきたような原則を受け入れ始めるなら、進歩である。そのおかげで変化が起きるかもしれない。例をあげるなら、兵器の生産に費やすような無駄なエネルギーを削減できるだろう。莫大な金額――仮に、年に一兆ドルとしよう――を兵器に費やすのをやめれば、環境再生などの建設的な事柄に使えるだろう。そうしたことは可能なはずだ。たとえば、環境問題にいっそうの関心を寄せている政界実力者なら、大統領の関心をもっと環境問題に向けさせられるかもしれない。もし、彼らが真の意味で話をするならばだが。人類が直面しているさまざまな問題を、政治家が解決すると期待しているわけではない。しかし、もっと率直な話ができる方向へ少しでも動けば、世界が破滅へ向かう速度は遅くなるだろう。もし、今のままの速度を保ち続けるなら、何か行動を起こせる時間は非常に少ないかもしれない。

大統領や首相の地位にいる者に、我々がなんらかの手を打つことはできまい。彼らにも自分なりの意見がある。しかし、ここまで述べてきたように、さまざまな考え方はそうしたところにも流れていく。対話のような概念が、国家のトップの段階にまで少しでも浸透すれば、効果はあるかもしれない。私が言いたいのはその点である。米国政府の中にはこうしたことをもっと考えている人も、別の方法を考えている人もいるだろう。そういった行為がどんな結果になるかはわからないが、いっそう見通しのいい状態へと動いていくはずだ。それがすべての問題を解決するだろうとは言わない。そのおかげで世界が破滅への道をたどる速度が落ちるなら、それが重要だと言っているのだ。というのも、何か新しいものが生まれるまでの時間を稼ぐために、破滅へ向かう速度を落とせなければ、手遅れになるはずだからである。

世界的な問題については、型通りの政治的な回答はないかもしれない。しかし、重要なのは答えではなく——対話において重要なのが、特定の意見でないのと同じように——、心を軟化させて開かせ、あらゆる意見を考えることなのだ。もし、そうした姿勢がいくらかでも広まっていけば、世界が破滅へ向かう速度を落とすことができるだろう。

というわけで、意見を共有し、想定を分かち合い、他人の想定に耳を傾けるといった態度がとれることは必要不可欠である。アインシュタインとボーアの事例では、彼らがそうした態度をとれなくても、暴力的行為にはつながらなかった。しかし、一般的には、自分の根本的な想定に耳を傾けてもらえない場合、人は暴力を加えられたように感じるものだ。そして自分も暴力をふるいたくなる。したがって、個人でも、集団においても、想定に耳を傾けることは重要だ。対話とは、判断や想定を集団の形で明らかにすることなのである。

対話を超えて

とはいえ、対話は——それどころか、ここまで語ってきたことのすべては——社会に存在する害悪の退治だけを目的にしているのではないと、心に留めておくべきである。そうした害悪を退治せねばならないのは確かだが。害悪が消えれば、人はもっと幸福に暮らせるだろう。生き残って、価値ある人生を送りたいと望むなら、そうした問題に取り組むべきだ。しかし、問題が解決したからといってすべてが終わるわけではない。それは始まりにすぎないのである。個人的にも集団的にも、意識の性質を変えられると私は思っている。それを文化的、または社会的に解決できるかどうかは、対話次第である。それこそ我々が模索しているものだ。

そして、個人も集団もともに変化することが、非常に重要である。仮に一人の人間が変化したところで、全体にはわずかな影響しか及ぼさないからだ。しかし、集団としての変化が起きれば、さらに大きな意味がある。もし、一部の人たちがいわゆる「真実」に到達したとしても、大勢の人々が取り残されたままなら、問題の解決にはならない。また別の対立が起きるだろう——キリスト教信者やイスラム教信者、あるいは別の信者たちの間で対立が起きているように。彼らは皆、同一の神、同一の預言者、もしくは救世主を信じているのだが。

コミュニケーションがとれず、意味の共有ができなければ、愛は消えるだろう。アインシュタインとボーアの間の愛情は、彼らがコミュニケーションできなかったために消滅してしまった。しかし、我々が真の意味でコミュニケーションをとれれば、仲間意識や参加意識、友情や愛が次第に現れてくるに違いない。そういうものなのだ。必ずするべき質問はこれである。このプロセスは必要だろうか？　それが鍵となる質問だ。もし、絶対に必要だと思うものがあるなら、何か行動を起こさねばならない。

そして、おそらく対話グループにおいては、コヒーレンスという、非常に強いエネルギーがあれば、社会的な問題を解決するグループとして以上の何かを達成できるだろう。対話のおかげで、個人には新たな変化が生まれ、宇宙との関わりにも変化が生まれるはずだ。そうしたエネルギーは「霊的交わり《コミュニオン》（communion）」と呼ばれ、何かに参加することの一種である。初期のキリスト教にはギリシャ語の「コイノニア（koinonia）」という言葉が出てくるが、それは「共有する」という意味である――あらゆるものを分かち合い、交わるという考え方だ。単にグループ全体とだけでなく、すべてと交流し、分かち合うことなのである。

★1　マタイの福音書十三章
★2　「私」と「私以外のもの」を隔てる境界のこと
★3　ドイツの物理学者。量子論の創始者の一人

3

The Nature of Collective Thought

集団思考の性質

世界にはどんな問題があるだろうか？　あまりにも多そうで、リストにすることすら難しい。戦争は続き、飢餓、拷問、略奪、疾病といった、ありとあらゆる忌まわしい罠が政治上で仕掛けられている。東と西の間には、分極化に等しい現象が見られる――西側は個人と自由の価値を主張し、東側は誰もが管理される集団社会に価値を置く。北と南にも分極化の傾向は見られる――北側は南側よりも裕福である。アフリカや南アメリカ、アジアの南部には、数え切れないほどの問題が存在する。貧困問題は深刻で、国は債務を負い、経済は破綻し、混乱状態が一般的なものとなっている。

テクノロジーの発達とともに、比較的小さな国でさえも、あらゆる独裁者たちが核爆弾を入手できるようになるだろう。生物兵器や化学兵器、その他にもこれまで考案されなかった数々の兵器が、間違いなく発明されるはずだ。そして、我々は環境破壊の危険を抱えている――農地や森林の破壊、汚染、気象の変化。他にもさまざまなものがある。人類がこのままの行動をとり続けるなら、遠からずして、生態学的災害が起きるのは確実だ。また、世界中で犯罪や暴力――ドラッグの問題なども――が増加しており、人々がひどく不幸で、不満足であることを示している。これ以上つけ加える必要はない。こうしたリストはほぼ無制限に増えていくだろう。

これほど破壊的で危険な、不幸へと直結する問題を、なぜ我々は受け入れているのか？　ある意味で、人類は催眠術にかけられているかのようだ。正気の沙汰と思われないこうした状態を続け、どうすべきか、何を言うべきかを、誰もわかっていないようである。かつては、何か解決策が現れることを人々は願っていたものだ。たとえば、民主主義や社会主義。あるいはもっと別のもの、おそらく宗教などを。しかし、心に満ちたそんな希望も、今ではひどく弱まっている。何の成果も上がっていないからである。こういった問題の裏には、思考がどう働くかを我々が理解していないという事実があるはずだ。

文明が発達する過程の初期において、思考は非常に価値あるものと見なされていた。今でもそれは変わらない。我々が誇っている、数々のことを成し遂げたのは思考である。思考により、街が作られた（おそらく、これについてはさほど誇るべきでないと私は思うが）。思考は科学やテクノロジーを作り出し、医学の分野で並外れた創造性を発揮した。実質的には、「自然」と呼ばれるあらゆるものが、思考によって整えられてきたのである。しかし、なぜか思考は過ちも犯し、破壊を生み出している。これは考え方の一種、すなわち「断片化」が原因である。断片化のせいで、事物はあたかも個々に存在するかのように、小片に分割されてしまう。ただ分断されるだけでなく、実際には分かれていないものまでばらばらにされるのだ。それは腕時計を取り上げて壊し、ばらばらの破片にするのと似ている。分解して一つ一つの部品にする行為とは異なる。部品は全体の一部分だが、破片は互いと無関係に、任意に存在するものにすぎない。本来なら適合し、一つにまとまるはずのものが、そうではないような扱いをされている。これが、誤った方向へ向かっている思考の特徴の一つである。

以前は、こうした点が見過ごされてきたかもしれない。そして人々は、思考を単に「知識は力なり」という概念で考え、無知であることを悪だと見なしてきたのだろう。知識や思考にはある種の危険が存在しているのに、それにはさほど注意を払ってこなかったのだ。数千年前、数万年前から、思考は誤った道を進み始めたのかもしれない――我々にはわからない。今やテクノロジーが進歩しすぎて、実に致命的な状態になっている。今から千年後がどうなるか想像してみよう。何が起きるだろう？　大災害や、そうした類のことか？　というわけで、テクノロジーの発達とともに、人類はおびただしい危機や難問に直面することとなったのである。こうした思考プロセスになんらかの手を打たねばなるまい――思考プロセスによって人類が破滅させられるのを、放置してはおけないのだ。しかし、何ができるだろう？　思考を絶つことは不可能だ――思考なしで人が存在できないことは明らかである。そして、邪悪な思考のみをすべて選び出して除去することも不可能だ。そこで、思考についてさらに掘り下げることが必要だろう。この行為が明白なものだと言うつもりはない――思考とは非常に難解で、奥の深いものである。我々はその根源に、基本に、源泉に取り組まねばならないのだ。

たとえば、水源が汚染されている小川を想像してほしい。下流のほうにいる人々は、水源が汚染されていることを知らない。そのため、汚れを除去し始めて、水をきれいにしようとする。だが、そうしているうちに、別の種類の汚染が新たに発生するだろう。したがって、この小川全体を眺めて、その源にたどり着くことが必要である。思考も源のどこかで汚染されていると考えられる。汚染物質は絶えず小川に注ぎ込まれている。ある意味では、こんな言い方もできる。最初に汚染物資が川の中に投じられたときに道を誤ったのだ、と。しかし、我々が汚染物質を注ぎ込むのをやめなかったことが肝心な点だ——汚染物質はひっきりなしに投じられている。つまり、原因は過去にあるのではなく——汚染物質が投じられだした、昔に戻っても仕方ない——、常に現在にあるのだ。その点を調べなければならない。

さらに、思考について考えてみよう。ただ思考のことを話して考えるのではなく、思考が実際にどう機能しているかを見たい——言葉では言い表せない時点で、どのように働いているかを。私の言いたいことが伝わるだろうか。つまり、思考とは実際のプロセスであり、それに注意を払わねばならないということなのだ。目に見える世界、物質社会で起きているさまざまなプロセスに、注意を払うのと同様に。思考に注意を払うとはどんなことか、わかりにくいかもしれない。米国の文化にせよ、どんな文化にせよ、実はそれほどその助けにはならないのだが、思考に注意を払うことは重要である。すべてが思考によって決まる——思考が誤った方向へ進めば、何をやっても間違いになるだろう。しかし、そうした状況が当たり前すぎるため、我々は注意を払っていないのである。

もし、あなたが「こんな問題は、私には大きすぎる」と言うなら、ある意味で、それは真実だ。だが、別の意味では真実でない。危機というものが、単に外部で起きるだけの現象——外の世界で起きる事象——なら、非常に大きな問題だろう。たとえばこんな例があげられる。建設上の不備があったダムがあるとしよう。ダムはゆっくりと侵食が進んでいき、やがて突然に崩壊すると、水が壁となって流れ落ちる。その時点では、そんな状況をあなたが阻止するのは確かに無理かもしれない。しかし、欠陥のあるダムを絶えず建設し、侵食が進むままにしておいたというプロセスについては、阻止できなかったものか？　プロセスの奥では何が起きているのだろうか？

真の危機は、人類が直面しているこうした出来事、たとえば戦争や犯罪、ドラッグの問題や経済的混乱や公害の中にあるのではない。そうしたものを生み出している思考の中にこそ、常に危機がある。一人ひとりが思考についてなんらかの手を打つことが可能だ。自分がその思考の中にいるのだから。しかし、我々が陥りがちな問題の一つはこんな言葉に表れている。「そんなことを考えているのは他の人たちだ。私は正しい考え方をしている」。だが、これは誤りである。思考は人々の間に行き渡っている。それはウイルスに似ているだろう――なぜか世界中に蔓延する、思考や知識や情報の病なのである。コンピュータや、ラジオやテレビが増えれば増えるほど、この病は広まっていく。こうして、我々のまわりに発生している思考は、気づかれもしないうちに、一人ひとりの中に広がり始める。まるでウイルスのように蔓延し、誰もがそれぞれ、思考というそうしたウイルスを育てているのだ。

こうした事態を阻止する、免疫システムのようなものはあるだろうか？　ウイルスさながらに広まる思考を止める唯一の方法は、それを認識し、受け入れ、正体を探ることである。もし、思考を見つめ始めれば、我々は問題の源泉を見ていることになる。これは誰にでも共通するものだ。問題の根源は、「自分と違う側の」誰か一人が、または大勢の人が間違った思考をしているところにあると、思われるかもしれない。しかし、問題の源泉はもっと深い。それは誰もが持っている集団的な思考プロセス全体において、なんらかの間違いがあったためなのである。

問題にすべき、鍵となる想定は、思考が個人のものかどうかということだ。ある程度までは、個人のものと言っていいだろう。人にはいくらかの主体性がある。しかし、さらに慎重な検討が必要だ。それは思考が個人のものか、そうでないかということよりも、難解な問題である。思考とは本当のところ何を指すのか、前提を抜きにして見なければならない。人が考えているとき、実はどんなことが起きているのだろうか? 概して、思考の大半が個人的なものではないと、私は主張したい。思考は文化全体の中で生まれ、人に影響を与えている。子供は親から思考を得る。また、友人や学校、新聞や本など、さまざまなものから人は思考を獲得する。我々はそうした思考を少しばかり変化させ、好みに従って部分的に選択し、残りは無視しているのかもしれない。たとえそうであっても、思考が発生するところはすべて同じである。こうした思考の深層構造、つまり継続的な――永久的な――根源は常に存在している。思考の源泉を見つけるために、時間の流れをさかのぼる必要はない。思考は絶えず動き続けているのである。思考の深層構造は人に共通のものであり、それを突き止めねばならない。思考の内容と深層構造とは、実のところ別々のものではないと気づくべきである。というのも、思考についての考え方が、思考の構造そのものに影響を与えているからだ。たとえば、思考は自分から個人的に生まれていると我々が考えたなら、それが思考の働きに影響するだろう。したがって、思考の内容と構造の双方を検討しなければならない。

我々はあらゆることを「知っている」と感じている。だが、おそらく万物を知っているのは「我々」ではなく、知識そのものだろう。つまり、知識——思考のことだが——は自主的に動いているのである。知識はある人から別の人へと伝わる。まるでさまざまなコンピュータが知識の集積を共有しているように、全人類のための、全知識の集積の場が存在するのだ。こうした思考（知識）の集積は何千年もの間に発達してきて、さまざまな内容で満たされている。この知識、あるいは思考は、そうした内容をすべて知っているが、自分の行動についてはわかっていない。知識は自分自身について間違った考えを抱いている。自分が何もしていないと思っているのだ。だから、知識はこんな言い方をする。「こうした問題のどれにも私は責任がない。私がここに存在するのは、利用してもらうためだけだ」

人が考えたことに基づくこうした思考が、どれも記憶から生まれているのは明らかである。知識は経験や実践を通じて増えていく。人が何かを考えて組織化し、記憶に取り込むと、それは知識となる。そうした知識の一部はスキルと呼ばれ、実践を経て作られる——これも記憶の一種であり、体か脳のどこかに存在している。それはすべて一つのシステムの一部なのだ。これに関連して、マイケル・ポランニーが「暗黙知」と呼んだものがある——言葉に表すことはできないが、確かに存在する知識のことである。人は自転車の乗り方を知っていても、その方法を説明できないものだ。もし、自転車が倒れそうになれば、それを起こすため、倒れそうな方向にハンドルを切らなければならない。数学的には、ハンドルを切る角度が、倒れかかっている角度となんらかの関連があることを表す公式が存在する。その公式通りのことを人は実際に行っているわけだが、そんな公式などわからなくてもいい。人の全身は言葉で表現できない、数え切れないほどの動きをしている。そのおかげであらゆる働きができるのだ。それが暗黙知である。暗黙知は人が手に入れた知識であり、これがなければ、何もできないだろう。暗黙知は人が過去に学んだことから継続しているものである。つまり、人には経験、知識、思考、情動、実践が備わっている――すべてが一つのプロセスなのだ。

さらに、英語の場合、「考えること（thinking）」と「思考（thought）」との区別が存在する。「考えること」は現在形である――悪い方向に向かいそうなものを敏感に察知する重要な能力を伴う、一種の活動だ。その上、この言葉には新しい思いつきや、ときには何かしらの認識が含まれているだろう。「思考」は過去分詞形である。何かを考えたあとは、その考えがただ消えるだけだと見なされている。しかし、考えた内容は消えていない。それは脳のどこかに入り込み、何か――形跡――を残す。それが思考となる。そして、思考がひとりでに活動するのだ。したがって、思考とは記憶からの反応である――過去からのもの、以前になされたことからの反応なのだ。このように、人には「考えること」と「思考」とが備わっている。

また、「感情・感じている（feeling）」という言葉もある。これが現在形なのは、活動的な現在を、つまり感情が現実と直接的なつながりがあることを暗示している。おそらく、「感じた（felt）」

という言葉を紹介して、「感情」と「感じた」という二つが存在することを説明するのが有益だろう。つまり、「感じた」とは、記録されている感情のことである。過去にトラウマとなるような経験をすれば、それを思い出したとき、非常に不愉快に感じるだろう。郷愁という感情も過去から生じている。実は、表れてくる感情の多くが過去から、つまり「感じた」ものから生まれているのである。しかし、感情が、記録されたものの単なる再生ならば、今現在の状況に反応していると言えるほど大きな意味を持つことはないだろう。

文化のせいで、人が思考や感情に関して誤った方向へ導かれていると知ることが、非常に重要である。思考と感情とは別ものであり、どちらも互いをコントロールできるのだと、何かにつけて言われることが多い。しかし、思考と感情とは一つのプロセスであって、二つのプロセスではない。いずれも記憶から生じるものである。記憶の中では、おそらく思考と感情のすべてが混在しているだろう。記憶は肉体に影響を及ぼし、感覚にも影響を与える。ストレスのある状態の記憶からは、やはりストレスのある状態の肉体が生まれる。したがって記憶が働くときには、知的機能、感情的機能、科学的機能、そして筋肉機能——というのも、ここに入る暗黙知も記憶の一種であるからだ——を別々に分けることはできない。

脳の構造を研究する神経科学によると、思考は大脳皮質におけるある場所——前頭葉——から生まれ、感情をつかさどる部分はさらに奥にあるという。思考と感情とは非常に太い神経線維でつながれていることから、この二者には密接な関係があるに違いない。それを裏づける証拠が多数あがっている。戦う、逃げる、または硬直するといった、原始的な反射神経を考えてみよう。こうした反射神経が今日の状況でどう働くかを示す良い例が、あるテレビ番組であった。上司に腹を立てている、航空管制官の話だった。彼は上司から不当な扱いを受けているが、逃げ出すわけにいかない。そこにとどまらねばならないのだ。上司と戦うこともできない。また、身動きせずに何もしないでいることも無理である。その一方、彼がジャングルで攻撃されているとでもいうように、脳は神経化学物質を組織に注ぎ込んでいる。こうしたプロセスが肉体を刺激して悪い方向に機能させ、論理的な思考を妨害しているのだ。というのも、理性的な思考をするには、脳が穏やかで心地よい状態でなければならないからである。考えれば考えるほど、その航空管制官にとっては悪い結果となる。彼は思考のせいでさらに惑わされ、さらに面倒を起こすだろう。

進化論をたどって、こうしたさまざまな状態をもたらす段階を追ってみると興味深い。理論的には、複雑な思考を可能にする前頭葉や大脳皮質を持つ「新しい脳」が、かなり急激に発達したと言うことができる。そのため、それは以前から存在していた脳の部分と、調和のとれた関係が結べなくなったのである。脳の中でも、感情などのより古い機能は、動物的な状況での事物に即座に反応できた。すなわち、逃げる、戦う、硬直するといった反応である。そこへ、現実と非常にそっくりなあらゆるイメージをもたらすことができる、この新しい大脳皮質が活動するようになった。だが、「古い脳」は、イメージと現実との違いをうまく伝える方法を学んでいない。その必要がなかったからである。古い脳のまわりに、多くのイメージを生み出す構造ができたことはなかった。古い脳は、実際に目にしていないときには他の犬の姿を想像する必要がない、犬の脳と同程度のものだったのだ。

人類がチンパンジー――実際にいない場合でも、他のチンパンジーを思い浮かべられる動物――程度に進化すると、他のチンパンジーのイメージは、本物のチンパンジーと同じ反応をもたらすこととなる。これによって、脳の新しい部分に混乱が起き始めた。「戦え、逃げろ、硬直しろ」という反応や、神経化学物質などが影響するせいである。新しい脳はそうしたものをそのまま受け入れられず、古い脳との混乱がさらに激しくなった。そして次々と間違いが起こり始めたのだ。

というわけで、これは現在のような人間が存在していることを知る一つの方法だろう。注目すべきなのは、古い脳が主に本質に活動しているのは現在に関してであり、本質についてではないことだ。一方、新しい脳は主に本質に関する活動をしている。というのも、今や本質とは、新しい脳を通じて現れるものだからである。こうした状況が文明化のせいで悪化しているのは明らかだ。文明が発達するにつれて、ルールや権威、警察や、刑務所、軍隊などを伴った、より大きな社会が生まれることになる。膨大な量のストレスが生じる。概して、文明が発達すればするほど、ストレスも大きくなる。何千年もの間、そんな状況であるが、それをどうすべきかという問題はまだ解決されていない。

人はこんな疑問を持つことがある。「こんなにはっきりしたことが、なぜあの人たちにはわからないのだろう? すぐ目の前の危険なのに、それが見えないなんて」。彼らにそれがわからないのは、思考プロセスに原因がある。思考プロセスの働きは、集団の場合も個人の場合と同じだ。思考や幻想、集団的な空想といったものは侵入認識である。神話とは集団的な空想だが、あらゆる文化には独自の神話が存在している。その多くは、あたかも現実であるかのように感じられた侵入認識なのだ。認識は人によっていくらか異なるため、人は実際には事実を見ていない。それこそが事実の正体だ。すなわち、人は事実を見ないものなのである。人がありのまま見ているわけではない事実、高次元の事実というものが存在する。そうした事実の把握から、我々は始める必要があるのだ。

思考には経験したものを描写する能力がある。それをもっとよく考えれば、概念やイメージが実に強い影響力を持つ理由を、さらに深く洞察できるだろう。「描写（representation）」という言葉が、ここでは非常にふさわしい。なぜなら、それは「ふたたび提供する（re-present）」、つまり、もう一度何かを提供することを表すだけだからだ。したがって、認識とは何かを提供するものであり、その何かを思考が抽象的な形でふたたび提供しているのだと言えよう。

地図というものは描写の一種であるが、それが表している地域ほどの明確さはない。不必要な詳細をすべて省き、目的にとって重要と思われる点だけに集中しているため、地図の抽象概念は効果的だ。地図は有益で適切だと考えられる方法によって、構造化・組織化されている。つまり、描写とは単なる一つの概念ではなく、実はいくつもの概念が集まったものである。

もう一つ、講演を聞いている場合という例をあげよう。聴衆の心の中には、どんな意味のものにせよ、事物が形作られる。何かが表現される言葉を聞いているうちに、ある種の描写が聴衆の心の中――おそらく想像の中――に形成されるだろう。あたかも、それを見聞きしたかのように。そうして形成されたものは、実際のものと同じではないはずだ――実物に比べるとかなり抽象的だろう。ある箇所が強調されて、元のものより面白いといったこともあるかもしれない。こんなふうに、我々は絶えず描写を行っている。

しかし、注目すべきこと――鍵となる点――は、こうした描写が思考や想像の中に存在するだけでなく、実際の認識または経験と結びつく点である。言い換えれば、描写は「提示(presentation)」と結びついているのだ。「提示された」もの(認識されたもの)は、すでに描写の中で大きな部分を占めている。そして、「ふたたび提示」される。すると、いわば「正味の提示」が得られるだろうが、それは感覚や思考、そしておそらくは多少の洞察の結果である。そうしたものが一つの、正味の提示となっている。したがって何かを経験する場合は、それがどう描写されているか、あるいはどう描写されそこなっているかによって事情が変わってくる。

もし、あなたが自分自身を気高くて有能で正直だと表現すれば、そうした描写が認識の中に入ってくる。つまり、それが自分に対するあなたの認識である。さて、他の誰かが別の表現をしたとしよう――あなたは不正直で愚かだというものだ――こうした描写もあなたの中に入り込み、自分の「認識」に影響を与える。そして、神経生理学的システム全体がかき乱され、あなたはひどく不安な状態になるだろう。すると思考は、状況をもっと明るく描写せねばというプレッシャーに駆られる――そこに自己欺瞞が生まれ始めるのだ。

一般に、人は描写と提示とのつながりに気づいていない――それは双方向のつながりである。このような状態に気づく能力を、思考は失っているらしい。思考プロセスとは無意識のものであり、潜在的で暗黙的である――思考プロセスがどのように起こるのか、正確には知られていない。だが、思考によって描写や提示が混じり合う中で、何かが起きていることはわかる。感覚から発生し、脳の中で組織化される情報を想像してみよう。そこへ思考から生まれた別の情報の流れが入り込み、どちらの情報も入り混じってしまう。正味の描写とは、こうした二つの情報の結果である。

重要なのは、このような事実が起きていることに我々が無自覚な点だ。皆無ではないにせよ、概して、こうしたことに気づく人はいない。おそらく少しは理解した人もいるだろうが、たいていの人は気にも留めないままである。この思考プロセスの良し悪しを問題にしているのでない。問題があるのは、こういった事実が起きることではなく、それが起きていることを人が自覚していない点だ。

ところで、人は描写と提示とのつながりなしには、いかなる行動も起こせないだろう。何かの行動をとるには、想像や思考の中でそれを描写するだけでは不充分である。その行動が自分の認識の中に存在することを、実際に感じなければならない。森を例にとってみよう。森は木材が採れるところとして描写できるし、製材業者にはそのように提示されるだろう。画家にとって、森は何か絵を描く価値があるものとして描写される。散歩したい人には、小道を歩いて楽しめる場所として描写されるだろう。描写は数え切れないほどあり、どれもさまざまな方法で森を提示するはずだ。

概して言えば、興味深いという描写をされないものは人の関心を引かない。価値があるとか興味深いとかいった描写をされず、そうした特徴を提示しないものなら、人の興味をそそらないのだ。場合によっては、自分の関心に応じて事物を描写すべきときもある。あなたはこんな言い方をするかもしれない。「それを行うために、私はこれをこんなふうに描写する必要がある」。したがって、あなたは行動している間、そのことに関心や注意を払うだろう。さて、こうした行動は少しも間違っていない。というより、絶対に必要なものである。物事がそんなふうに提示されない限り、人は行動できない。想像の中で抽象的に描写されたものからは行動を起こせないのだ。行動は、明確に提示されたものから起こすべきなのである。

それにしても、こうしたプロセスに気づかないという点は重大だろう。たとえば誰かがこう言ったとしよう。「このカテゴリーに属する人は悪人だ」。あなたがその言葉を受け入れた場合、思考という描写が、認識という提示の中に入ってくる。つまり、その考えを受け入れたとたん、それは潜在的な暗黙の思考の中に入り込むのである。次にそうしたカテゴリーに属する人に会ったとき、その考えは提示としてあなたに現れてくるだろう。相手が「悪人」だという認識が働くのである。あなたはこんな言い方をしないはずだ。「このタイプの人々が悪人だと、誰かから聞いたのを覚えている。本当に悪人かもしれないし、善人かもしれない。観察して確かめたほうがいい」。むしろ、彼らが「悪人」だという考えが明らかな正解として「存在」するのである。この先、あなたはこうした考えを、まるで完全に独立した事実――独立した思考――として見なすことになるだろう。

やがて、思考は自分自身を証明し始めることにしたらしく、実際には事実そのものと異なった「事実」を創造する。「事実（fact）」という言葉はラテン語に由来するが、「製造（manufacture）」という語にも含まれるように、「作られたもの」を意味している。ある意味で、事実は作り上げなくてはならないものだが、ここまで述べたようなやり方で事実を作るのは間違いだ。それはいわば、適切に製造されていない事実である。つまり、誤った方法で作られている。なぜなら、思考が「事実」と混同され、その点に我々が気づいていないからだ。思考を事実の中に入れることは必要だが、思考が事実と混同される点は見逃されているのである。もし、あるものを「まぎれもない」事実だと言ったとしても、それはそこに「存在している」だけのことにすぎない。人はそんなものに多大な価値を与え、こうした言い方をする。「事実を否定できるはずないだろう？

彼らがどんな人間かは、見ればわかるじゃないか」

描写は集団的に行われることが多いため、より強力になるという点は重要である。誰もが同意するのだから、その正当性は裏づけられているとか、間違いのはずはないと我々は考える。そして、それがプレッシャーとなる――人は大多数の意見から外れることを嫌うからだ。つまり、ある特定の描写を受け入れ、その観点からものを見るべきだというプレッシャーに、絶えずさらされることになる。たとえば、我々が「自己」と呼ぶものは、なんらかの形での描写であり、したがって何かしらの事物を提示している。この描写は、自己についての一般的な特質が集団で決められるという意味で、集団的である。そして、自己についての個々の詳細は個人的に決められているのだ。人には自己があるという考え方は、世界中で一致している。あらゆる証拠からそう推測できるからだ。たとえば出生証明書にそうした証拠がある――人には名前があり、身元が特定されている。身分証明書を持った人がいる国も多い。人は銀行口座を持ち、土地を持ち、職業を持っている。こうした点はすべて、あなたが誰であるかを描写しており、したがって、あなたの存在が提示されているわけである。

もう一つの例として、虹をあげよう――誰もが同じ虹を見る。虹についての集合的な描写が存在する――それについて誰の意見も一致している。だが、事物を「文字通り」に見る物理学ではこう言う。「いや、虹などというものは存在しない。多数存在している水滴を、太陽を背にして見ると、水滴によって陽光が反射、屈折して複数の色を帯びる。これを見たとき、一人ひとりが虹というものの認識を作る。それがどれもよく似ているため、みなが同じ虹を見ていると考えてしまうのだ」（この見解を受け入れると、物理学が実際に存在するものであるという点も議論できるだろう）。だが重要な点は、集団的な描写――たとえば国家、宗教、ゼネラル・モーターズ社、利己主義など――の多くが、虹と同じような性質を持っているということだ。厳然たる現実として我々がとらえている大半のものは、まさに虹と同じことなのである。実際のところ、それが悪いわけではない。問題が起きるのは、そうした事態が起きていることに我々が気づいていないからである。そのため、描写を独立した事実としてとらえてしまうのだ。このような状況を理解していれば、問題はまったく起きないだろう。そうすればどんなものであれ、真の「事実」を重視できる。しかし、現在の我々は、あまり価値がない「事実」を取り上げ、それを非常に重んじるという取り組み方をしているのである。

こうした概念はいくつか簡単な事例に適用されてきたが、その多くは人以外のものだ。しかし、この概念を応用してさらに感じ取っていくなら、それが人の内面や、人と人との間でどう働くかが、つまり、コミュニケーションや対話においての働き方がわかるようになるだろう。コミュニケーションをとる場合には、描写に関するこういった問題が重要だと理解できるはずだ。あるところに集まった人々が、他人や自分がどんな人かについて、特定の描写を持ち出したと仮定しよう。人々がコミュニケーションをとるうちに、こうした描写はあやふやになり、変化していくかもしれない。描写が変われば、人間関係全体も変わるだろう。我々の人間関係は、他人が自分にどう提示されているか、そして自分が他人にどう提示されているかにかかっている。そしてこうした点はすべて、集団での一般的な描写によって変わってくるのである。

物事が順調に運んでいるときには、間違った点があっても、知る方法はない――起きている事柄が、思考と無関係だという想定はすでに立てた。物事が描写され、その通りに提示されるとき、どんなことが起きているかを知る方法はないのだ――提示されたものは、すでに何かが除外された結果なのである。描写されていないものには注意を払えない。注意を払うことができないようにさせる圧力は相当なものだろう。描写されないものに注意を払うことができる唯一の機会は、問題が起きたときだ――思いがけないことが起きたり、矛盾が生じたり、状況があまりうまく運ばなかったりした場合だけである。

しかし、このようなプロセスを「問題」とは呼びたくない。なぜなら、それを解決する方法はないからである――解決策を生み出せないのだ。描写の一つに、我々がとる行動のすべては時宜にかなっているというものがある。人は目標を設定し、それを達成する方法を探し出す。その結果、世の中の事象すべてがその通りに提示される――そんな方法で物事に対処するのが可能だ、というわけである。その後、物事がうまくいかないと、この考えに疑問を抱いたり、困難を感じたりするようになる。何が悪いのかと我々は考え始めるが、まだ本当の意味で考え方は変えられない。しかし、間違った方向に進んでいるのではないかという感情を抱き始める――自分が事実としてとらえていた多くのものが、実際は事実と異なるのではないか、と。

こうした考え方によって、世界を違う観点から見られるのではないだろうか――つまり、我々の世界観はすべて変えられるのではあるまいか。人は社会や文化を取り巻く、一般的な集合的描写によって世界を見ている。こういった描写がなくなれば、世界観は変わるかもしれない。世界がこれまでと異なった姿で提示されるからである。もし、あなたが危険人物だとして提示されば、私は怯んでしまうに違いない——怯まないわけにいかないだろう。しかし、あなたについて違う描写ができれば、私の態度全体が変わるはずだ。さらに、間違った描写というものにも気をつけねばならない。人はこんな言い方をする。「私たちはみな、お互いに愛し合っている。だから、すべての物事は解決するだろう」。そして、そうした考え方が提示され、我々は満足感に浸るわけである。しかし、この考え方は間違った描写に基づいているのだ。提示の中に存在するどんな本物の変化も——まぎれもない変化であっても——それは本質が変化したものである事実は変わらない。

現在の社会で見られる描写について考えてみよう。たとえばこんなものである。「まずは自分を大切にせねばならない。警戒しよう——人間とは危険なものである——信用してはだめだ」。こうしたものには反応が現れるだろう。表面的なものばかりでなく、心の内部でも反応が起きる。体に緊張感が生まれれば、神経科学的な反応もすべて、それに従って生じていく。さて、世の中が危険だというのは本当だが、我々は誤ったとらえ方をしている。危険なのは、人間が本質的に危険な存在だからではなく、一般的に受け入れられた、間違った描写のせいなのだ。我々は正当な理由を見つけなければならない。つまり、本質的に危険な人間には近づくべきでないが、そもそも人間というものが危険だという考え方は、間違った描写による誤解なのである。

このような描写を変えると、さらなる変化への道が開ける。それが容易なものになるか、難しくなるかは判断できない——わからないのだ——が、可能性が開けることは確かである。大きな展望が生まれてくる。思考とは実のところ、描写から提示を生み出しているものだとわかれば、もう、それに惑わされはしない――まるで手品師のトリックを見ているようなものだ。手品師が何をしているかがわからない限り、それは魔法さながらに見えるだろう。だが、トリックをずばりと見抜ければ、あらゆることが変わってくる。

世界はさまざまな形で存在できる――いずれも描写、とりわけ集団での描写に存在がかかっている。「世界」を一人で作ることは不可能だ。そこで集団による描写が鍵となる。たった一人の人間が描写を変えただけでは充分と言えない。それが悪いわけではないが、真の意味での変化とは、集団的描写が変わることだろう。

4

The Problem and the Paradox

問題とパラドックス

ここまで、人類が直面している幅広い問題について見てきた。こうした問題は無制限に増え続け、やがては世界的規模での無秩序へとつながっていくだろう。こういったさまざまな状況を考えると、人の知能や、協力による努力だけでは解決しそうにない困難に直面していると感じることさえあるかもしれない。

矛盾や混乱だらけのこのような状況の中で、非常に興味深い共通点が見つかっている。我々が直面しているものはまぎれもなく一連の「問題」であると、誰の意見も一致するように思われることだ。人事全般での不具合を表現するのに、「問題」という言葉があらゆる意味で適切かどうかなどと、普通は考えないだろう。しかし、この言葉の意味を考えれば、そんな疑問が生まれるだけの理由は見つかるはずだ。そして、現在の困難な出来事を「問題」として扱おうとすることが、そうした困難にうまく終止符を打つのを妨げる、最も重要な要素の一つではないかと推測できる。

「問題（problem）」という言葉は、ギリシャ語で「前に投げかけること」を意味する語に由来する。これはまさに、この言葉の本質的な意味だろう。すなわち、議論を投げかけ、困難な事項や不適当な点を解決の方向へ導くための提案に疑問を唱える、ということである。もし、ある場所まで行かねばならない人がいた場合、列車での旅が提案されれば、時間通りに列車に乗ることや、切符を買うことなどが「問題」として論じられるだろう。また、帆船は時間がかかって交通手段として当てにならないことから、蒸気で動く船が考え出されたのも、状況を技術面から認識して、実際的に行動するにはどうすればよいかという「問題」が起きたためだった。もっと一般的に言えば、我々の実際的、技術的な活動の大半は、そうした広範囲にわたる問題の解決を目的とした作業に集中しているのである。

しかし、問題という形で、なんらかの考えを思いついたときには、潜在的な暗黙の前提がかなりあるだろう。理にかなった活動ができれば、そうした前提は満足させられるはずだ。それは言うまでもなく、発生した疑問が筋の通ったもので、矛盾していないという想定があってのことである。間違っていたり、自己矛盾したりしている前提のある、不条理な問題を気づかないまま受け入れる場合もあるだろう。しかし、実際的で技術的な範囲においては、疑問が不条理であるなら、遅かれ早かれ気がつくのが普通だ。そして、人はそのような「問題」を無意味なものとして捨ててしまう。一例をあげよう。人類は長い間、恒久的に動く機械を発明しようとしていた。だが、科学的な理解が発達するにつれ、そんな機械は物理学の基本的法則に反することが明確になったため、求められなくなったのである。

実際的、技術的な面では、このような点はすべて非常にはっきりしている。しかし、心理的な問題や人間関係の問題を考え始める場合には、何をすべきだろうか？　そうした類の問題を作り出すことは筋が通るのか？　それとも、議論を生む疑問の裏に存在する前提が、偽りで自己矛盾した不条理なものである心理的な領域は、道理にかなわないのだろうか？

例として、お世辞に非常に影響されやすいと、不意に自覚した男性のことを考えてみよう。

彼はお世辞に対して無関心になるべきだと、考えたかもしれない。すると当然ながら、なんてすばらしい人だなどと褒められたときに、相手に「だまされる」傾向を克服せねばという問題が起きてくる。しかし、この「問題」が不条理な前提に基づいていることは、ほとんど考慮されない。たとえば、お世辞を望む気持ちは、無力だと感じる心の奥から生まれていることが多いものだ。あまりにもつらいため、そんな感情が存在することを認める気持ちが抑えられている場合がほとんどである。ただ、批判されたり、それと同様の指摘をされたりした場合は、この非常に不愉快な感情に一時的に注意を呼び戻される。そのような人が、いい人だとか有能だとか、賢い、あるいは美しいなどと言われたとたん、苦悩を抑圧するために無感覚になっていた状態が消えてしまう。そして、喜びと幸福の、浮き立つような感情が表れるのである。それとともに、本当のことを言われたと信じたい気持ちも生まれてきがちだ。さもなければ、こうした充足感は現れないだろう。そこで、言われたことが真実ではないと気づく「危険」から自分を「守る」ために、そうした人間は他人の話をすべて信じようとし始める。そして、よく知られているように、あらゆる方法でたやすくだまされてしまうのである。

一言で言えば、お世辞の悪い点は、巧妙な自己欺瞞の一種であることだ。お世辞を喜ぶような人が、どうすれば自分を欺くことをやめられるかという「問題」を提起した場合、そんな行為の不条理さがはっきりするだろう。というのも、自己欺瞞の傾向を克服しようとどれほど努力したところで、この努力そのものが、そもそも彼の性格を形成する基となった、苦悩から逃れて喜びを求める気持ちに影響されるのは明白だからだ。したがって、自己欺瞞を克服したかどうかと自問しても、彼が自分を欺くのはほぼ確実と思われる。

もっと一般的な話だが、心理的に何か不具合が起きたとき、その状況を「問題」と表現することが、混乱を生むと言えるだろう。そう呼ぶよりはむしろ、「逆説《パラドックス》」に直面している、と言ったほうがいい。先ほどの、お世辞に影響されやすい男性の事例を考えてみよう。ここでのパラドックスは、正直になるべきだということを彼が間違いなく知っており、理解していたにもかかわらず、自分を欺く「必要性」のほうをより強く感じたことだ。自分を欺けば、無力な人間だという耐えがたい感情から解放され、妥当で幸福な気持ちを味わえるからである。そうしたケースに求められるのは、「問題を解決する」行為ではない。むしろ、ちょっと立ち止まって、自分の思考や感情が、自己矛盾する要求や「必要性」によってすっかり支配されている事実に注意を払うべきだ。そのような思考や感情が優勢である限り、状況を修復する道はない。事実を認識「し続ける」ことは、心を他の対象に向けて「逃げる」行為や、現状から目をそむける行為よりも、多大なエネルギーを必要とし、真剣さが要求される。このように注意を払うことで、ただ言葉の上や頭の中だけで考えるよりも、パラドックスの本質がいっそう認識されてくる。そして、その不条理さや矛盾がはっきりと感じられ、理解されたときにパラドックスは消えるのである。

しかし、「問題」という形でとらえられている限り、パラドックスが消えることはないと強調せねばならない。それどころか、高まり続ける混乱の中で「問題」はひたすら成長し、増殖していく。というのも、ひとたび心が問題を受け入れれば、解決策が見つかるまで脳を働かせ続けるのが、思考の本質的な特徴だからだ。この特徴は、理性的な思考を確実に行うために間違いなく必要なものである。だから、もしも正真正銘の問題（たとえば、食料を得る必要に迫られている場合など）に直面している人が、充分な解決ができないうちに問題を投げ捨ててしまえば、悲惨な結果になる。どんな場合にせよ、そうした態度をとれば、危険で軽はずみな行為だとか、真剣さに欠けるとか指摘されるはずだ。一方、もしも頭がパラドックスを正真正銘の問題のように扱えば、パラドックスには「解決策」が存在しないため、いつまでもとらわれ続けることになるだろう。明白に思われるどの解決策も不適切だとわかり、より混乱した状況に新たな疑問を招くだけだ。したがって、人生の初期の段階に根づくパラドックス（たとえば、ある環境になじめないと感じた子供の気持ちなど）といったものは、人の一生を通じて存在するかもしれない。細かい点は絶えず変化し、いっそう複雑な形になるが、本質的には同じ状態で存在するだろう。また、頭の中の無秩序を人が認識するようになったとき、それを「問題」と表現すれば、そう表現した行動自体が、パラドックスを取り巻く活動をより強力で複雑なものにしてしまう。そこで、問題とパラドックスとの違いを知り、それぞれにふさわしい方法で反応することが重要なのは明らかだ。

個人の心のためだけでなく、人間関係のために、ひいては社会にしかるべき秩序を作り出すためにも、問題とパラドックスとの区別は大切である。だから、人間関係の断絶のようなものを、「問題」と表現するのは間違いだろう。たとえば、現在では親と子が自由にたやすくコミュニケーションできないことが、広く知られている。親と子が互いに打ち解ける必要性を暗示する、共通の人間性や相互の依存状態については、関わりのある誰もが理解しているようだ。にもかかわらず、それぞれが自分独自の「欲求」を相手から無視されたり、拒絶されたりしているように感じ、そのせいで「傷つき」、相手が言おうとしていることにきちんと耳を傾ける行為から、自分を「守ろうとする仕組み」を働かせてしまう。こうした状況がパラドックスなのである。

同様のパラドックスが、年齢層や人種、社会的地位が異なる集団同士、違う国同士といった、社会全体に広く影響を与えている。そこで、国家主義の隆盛について考えてみよう。どの国の国民も、人間としての共通の感情や、誠実なコミュニケーションの必要性を理解しているはずだ。しかし、国家が危機にさらされると、恐怖心と攻撃性が非常に強くなるため、敵を人間として扱うことを誰もがたちまちやめてしまうのである（たとえば、敵対関係にあるどちらの国民も、爆弾の使用や敵の子供の殺害を辞さない。個人としては、子供を殺すなんて恐ろしいことだと考えていても）。そして自国では検閲を受け入れ、間違ったことであっても、真実として同意する。国家が存続するためには、そうした自己欺瞞が必要だと信じているからだ。このように、国家主義は多大なパラドックスに根を下ろしていると思われる。したがって、国家主義を「問題」として扱うことはまったく無意味である。そうした行動が不条理であることは、相手国の子供を皆殺しにする覚悟ができていながら、自国の子供は愛せるという点に疑問を呈してみれば明白だ。そんな疑問には答えが出ないし、答えを見つけようとすれば、さらなる混乱につながるだけだろう。必要なのは、思考や感情を支配する逆説的《パラドクシカル》なパターンに、本気で注意を払い続ける心構えをすることである。

そうしたパラドクシカルなパターンは、社会や人間関係の難問を超えたところにまで及び、まさしく人類全体の思考や言語の中に存在している。人の行動はすべて、思考やコミュニケーションの方法によって具体化され、形作られる。そのため、パラドックスに基づいたパターンは、人生のあらゆる面に混乱をもたらす可能性がある。

最終的には、広範囲にわたるこのパターンが、ある種の「根本を成す」パラドックスに起因することがわかるかもしれない。この根本的なパラドックスの正体を明らかにするのを助けるため、通常、思考の中身には外部の対象や状況があるという事実をまず考えてみよう。たとえば、人は椅子や家、木、嵐、軌道を描いて回る地球などを思い浮かべるかもしれない。こういった事物には、頭に浮かんだ思考プロセスから、本質的に独立した存在だという共通の特徴がある。同時に、この思考プロセスは本質的に、こうした事物の内容とは無関係だ（すなわち、人の思考はこうした内容を自由に取り入れたり、取り去ったりできる。また、観察によって必要かもしれないと判断されたものを探し求めるのである）。

実際的な対象や技術的な対象について考える場合、思考が対象の内容と別個に活動する状態が適切であるのは明白だ。しかし、人が自分自身について、特に思考や感情について考える場合には、注意深く観察すれば、このように考えることで活動にパラドクシカルなパターンが現れると気づくだろう。考えていることや感じていることが、そういった行為をする自分の思考とは別個の、切り離された存在だと見なそうとしても、実際にはそのように分離されたものや独立したものはないし、ありえないのも明らかだ。それがパラドックスなのである。

たとえば、お世辞の影響を受けやすい男性の例をとろう。彼は自分が不適格者だという苦い感情の記憶を抑えるため、そのような性格になった。この記憶そのものは彼の思考の一部であり、また反対に思考が記憶の一部でもある。彼が次々と考えることは、すべて記憶によって条件づけられている。そのため、たとえ一時的にでも苦悩の記憶を取り除く助けになると思えば、虚偽も真実として受け取られるだろう。このように、思考プロセスは思考の内容と分離できないし、別個の存在でいることもできない。したがって、自分を欺こうとする傾向を抑えようとか、克服しようとかいった問題を提示した場合、その人は「根源的なパラドックス」にとらえられているのだ。つまり、彼の思考という活動は、コントロールしようとするまさにその活動によって、コントロールされているのである。

総じて人間は長い間、思考や感情が、欲や暴力、自己欺瞞、恐怖、攻撃性、そして他にも堕落や混乱へ通じる反応の影響を受けることを思い知らされてきた。しかし、こうしたすべてのことを「問題」として扱う人が大半である。そのため、人は自身の性質に潜む無秩序を克服するかコントロールする方法を、いやというほど探してきたのだ。たとえば、どの社会にも、正しい行いをさせることを目的とした、人を怯えさせる刑罰が設けられている。また、人の心を引きそうな褒賞も設けられているが、その目的もやはり正しい行いをさせることである。このような刑罰や褒賞が功を奏さないと証明されたので、さらに道徳や倫理、さまざまな宗教的概念が取り入れられた。こうしたものにより、「誤った」または「邪悪な」思考や感情を、人々が自発的にコントロールできるようにと願ってのことである。だが、これも実際には望ましい結果を生まなかった。実を言えば、人の性質に存在する無秩序は、パラドックスから生まれたものであるため、それを「問題」として扱う試みでは解決できないのだ。それどころか、そんな試みはさらに混乱を招くのが普通であり、長期的には善よりも悪を生み出すかもしれない。

現在、人類は爆発的に増える難題に直面しているが、それは思考や感情における無秩序を、あたかも「問題」であるかのように扱おうとすることから生じた結果だ。そのため、今は外部的な状況だけでなく、鈍感で洞察力のなかった内面にも注意を払うことが、これまでになく早急に求められている。鋭敏でなかったせいで、外部的な混乱の原因である、思考や感情に存在するパラドックスに我々は気づかないのだ。人が「最も深い部分にある自己」として共感する傾向にある、感情や思いつきこそが、パラドックスと徹底的に関わっていることを各自が認識しなければならない。そうしたパラドックスにとらえられた心は、自己矛盾を進めようとした結果の苦痛から逃れるため、幻想を作り出そうとした自己欺瞞に陥るのを避けられない。そのような心では個人的、または社会的な、人間関係の真の姿を見ることができないのだ。したがって、「自分の問題を解決する」とか「社会の問題を解決するために」といった試みは、そうした状況を終わらせるのではなく、むしろ存在している混乱をさらに増やすことになるだろう。

とはいえ、個人や社会の生活に秩序を作ろうとするあらゆる活動をもうやめるべきだとか、一般的な難題を終わらせることを妨害する、心の中の無秩序に目を向けるべきだとか、言っているわけではない。むしろ、人の内部における活動と、外部的な活動とは協力して進んでいくだろう。だが、この点は心に留めておかねばならない。つまり、何世紀にもわたった習慣や条件づけがあるため、人は一般に「基本的に、私たちは正しい」といった態度をとるということだ。そして通常の場合、我々が抱えている困難は外部に原因があると考えられ、それは「問題」と見なされている、ということも。自らの内面に秩序が存在しないとわかったときでさえ、何が間違っていて、何が自分に欠けているかをかなり正確に指摘できる、と人は考えがちである。まるでそうした間違いや不足は、誤りを正すという「問題」を形作る思考活動とは異なったものか、別個のものだと言わんばかりに。

しかし、ここまで見てきたように、人が自分の「問題」であるとか、社会的な「問題」であるとか考える思考プロセスそのものが、考えた内容によって条件づけられ、コントロールされているのだ。だから一般的に、こうした思考は自由ではなく、実際には正直なものですらないと思われる。そのため、求められているのは深遠で真剣な覚識《アウェアネス》である。それは想像を上回るものであり、混乱した思考プロセスを知的に分析し、また、混乱が生まれる原因となった、矛盾する前提や心の状態を見抜く能力を備えたものだ。そのようなアウェアネスがあれば、パラドックスの多くを理解する用意はできたことになる。こうしたパラドックスは日常生活や、もっと規模の大きい社会的関係において姿を現し、やがては一人ひとりの「最も深い部分にある自己」を構成していると思われる、思考や感情の中にも現れるだろう。

したがって、日常生活を申し分なく、完全に続けていくことは必要だが、次の事実には真剣かつ注意深く関心を払い続けてほしい。すなわち、何世紀にもわたって条件づけられてきた心の大部分が、パラドックスにとらえられる傾向があり、結果的に現れた難題を「問題」として考える間違いを犯しがちだということである。

5

The Observer and the Observed

見るものと見られるもの

人はたいていの場合、自分の想定が観察の性質に影響を与えているとは思わない。だが、物事の見方やそれを経験する方法、さらには実行したいと思うことにまで、想定は影響を及ぼしているのだ。ある意味で、人は想定を通じて物事を見ている。すなわち、想定は観察者だという言い方ができるだろう。「観察する」という言葉の意味は、「目で情報を集めること」が「観察」だとか、「耳で情報を集めること」が「聞くこと」だといった定義からわかる。つまり観察するとは、あなたが部屋にいるとすれば、その部屋の情報がすべて集められて瞳孔から体の中に入り、網膜を通って脳に達することを指す。情報は耳からも入るかもしれない。このように、観察者とは情報を集める人のことである。適切な情報を選択してひとまとめにし、何かしら意味あるものや映像に組織化している。それが想定によって、思考の中で起きていることである。人は自分の想定に従って、特定の情報を重要なものとして集めると、ある方法や構造に応じてまとめあげるのだ。

したがって、想定は一種の観察者の機能を果たしている。我々は観察するときにそうしたことを忘れており、物事を見る上ではまったく考慮に入れていない。しかし、このいわゆる「観察者」は、自分が観察しているものに多大な影響を与える。さらに、観察しているものによって自分自身も影響されるのである――観察している対象と、観察者との間には、実のところほとんど隔たりがない。もしも、観察されているものが情動なら、「観察している」想定は情動によってかなり影響される。そして、情動のほうも想定によって相当の影響を受けるのである。一方、情動が観察者であり、物事が組織化される方法を決定づけるというなら、想定が観察されることになるだろう。いずれにせよ、観察されるものは観察者によって多大な影響を受け、観察者も観察されるものに影響される——それらは実を言えば、一つのサイクルであり、一つのプロセスなのだ。観察者と、観察されるものとの区別は、あまり重要ではない。

その一方で、もし、私が部屋の反対側にある椅子を観察するとしたら、私の中に起きていることは椅子の影響をさほど受けない。そして、椅子の内部に起きていることに、私はほとんど影響を与えないのである。この事例だと、観察者は観察しているものと大きく異なると言えよう。しかし、情動や思考を考えるときには、こうした事例が当てはまらない。同様に、社会や他人のことを考えるときには、想定によって、見えるものが大きく変わる。また、自分に関わってくる人によって情動的反応を刺激され、物事の見え方も影響されるだろう。

したがって、ある段階においては、観察者と観察されるものとの差異が存続しなくなる。またはクリシュナムルティが言ったように、観察者とは、観察される存在なのである。もし、観察者と観察されるものが一つであると考えないなら、想定と情動を一つのものと見なさないならば、物事はすべてうまくいかないはずだ。自分の心の中を見るつもりでいても、想定を考慮に入れなければ、思い描いたものは間違っているだろう。なぜなら、心の中を見ているのは想定だからである。そうした行為が、自己観察をする場合によく問題となる。人はこんなふうに言う。「自分の心の中を見るつもりだよ」と。しかし、想定とは見られるものではない——想定が対象を見ているのである。

観察者と観察される人が出ているという、テレビ番組を想像してみよう。そこには観察者たる一人の人間と、観察される側の人間がいる。彼らはあらゆる動作をしてみせ、一方が相手を実に注意深く見る役目を、もう一方は見られていささか居心地が悪いといった役目を演じる。観察者が、観察される対象を見ているという感覚がわかるだろう。そのようなことが心の中で起きているのである。思考は観察者のイメージと、観察されるもののイメージを生み出している。そして思考自身が、思考を生み出して観察を行っている存在でもあるのだ。また同時に、思考は観察される存在でもある。ちょうど人が普段、自分の体を観察する場合のように。

自分のいる部屋を観察できるのと同様に、私は自分の体を観察できる。しかし、私は、自分が自分の体であることも知っており、それを別の方法、つまり感覚を通じて経験している。そしてこの経験は、想像や空想を通じて心の中で再現される。観察者と、観察されるものとして。肉体が存在しているので、こうした経験は現実のもの、自分自身の実体として感じられるのだ。

思考はどんなふうに働くのか——思考は観察者、すなわち思考している人のイメージとして現れる。これによって思考はより強力になる。というのも、考える内容を知っているべき存在から、思考が生じたことは明らかだからだ。一方、ただ機械的に思考するだけなら、思考にはコンピュータ並みの意義しかない。だが、そのコンピュータに少しでも思考が存在すると想像すれば、やはり思考はより強力なものとなるだろう。

盲目の人と、彼が手にしている杖を例にとって考えてみよう。もし、地面を叩くときに杖をきつく握っていれば、彼はその杖が「自分」であるかのように感じるだろう――杖の先端で、世界とつながっているように感じるのだ。もし、彼が杖を緩く握っていれば、自分であるのは杖ではなく、手だと感じるだろう。だが、彼はこう思うかもしれない。「私の手は、私ではない。〝私〟は〝私の〟手を動かしたい」。そのため、「私」と、手を動かしている「私」という存在とは、心の中でまだ距離がある。彼は自分の内面のさらに奥へとますます熱心に進み、こんなふうに言い続ける。「それは私ではない、私とは違う――私という本質を見つけたいのだ。そんなものは〝私〟という本質的な要素ではない」。やがて彼は内部器官の感触を覚え、筋肉を感じ取ってこう考えるかもしれない。「それは私ではない――私はただ内面のどこかを見ているだけだ」。そして、まるでタマネギの皮を剥き続けるように、彼はさらに進み続ける。本質そのもの、ある点では真実の「私」という核が見つかるまで。どこかの時点で、彼はこう言うだろう。「最も深い部分に、本質的な〈私〉が存在するに違いない。すべてを見つめているような存在が」。人はそんなふうに考えている――誰もがそうした感じを覚えているのである。

しかし、私はこう考えたい。思考とは文化や社会全体に属する一種のシステムであり、歴史を経て進化してきたのだ、と。そして思考は、それを生み出す基と考えられる、個人というイメージを作り出している。このように考えると、知覚したり経験したりする、個人という感覚がわかる。これは次の段階へつながる考え方だろう。思考は物事の状態を人に伝えるだけで、その後、人はこうして得た情報により、何をすべきかという決定を心の中で下す――つまり選択するのだ。

こうした考え方が次第に現れてきている。すなわち、思考によって物事の状態を教えられたあと、そうした情報から、どう行動するかは「あなた」が選ぶということである。

このような考え方を知ると、あなたは理屈をつけて何か間違いを探そうとするかもしれない。疑いを抱き始めて、こんなふうに言うだろう。「この話の裏にあるものはみな疑わしい」。しかし、疑うべき前提は、最初に抱いた疑問に含まれていることが多い。たとえば、私がいくつかの信念に疑問を唱えたとしよう。だが、別の信念となる考えを通じて、その疑問を発したかもしれないのだ。したがって、人は自分の行動全体に敏感でなければならない。心の中には疑り深い、いわば「疑り屋」がいるように思われる。どこか「心の奥のそのまた奥」に観察者がいて、間違いを観察しているが、自分自身を観察してはいない。観察者が目を向けるべき「間違った」点は、まさにそれを見ている本人の中に存在するのだ。なぜなら、そこが隠し場所として最も無難な場所だからである。見ている人自身の中に、見るべきものを隠してしまえば、決して見つからないだろう。

6

Suspension, the Body, and Proprioception

保留、肉体、自己受容感覚

我々は自己の裏、もしくは観察者の裏にある、全体のプロセスの本質をさらに深く探ろうとしている。一般的な問題――聞くことにおいても、見ることにおいても――は、仮に人が「聞き手」を通じて何かを聞いた場合、実は聞いていることにならない点である。それは自分の中のある部分が数歩退いて、残りの部分に耳を傾けている状態なのだ。もし、聞き手がいなくても、聞くという行為が存在するなら、観察者のいない観察という行為もありうるだろう。状況によっては、誰もがそんな行為をしている――人は行動を起こすが、その間の自分自身を観察していない。ただ行動しているだけである。しかし、そうした行動をするのが困難だと気づく場合がいずれ出てくる。より深い観察を行うのに必要なものは何か、という疑問が湧いてくるのだ。「見る人」がいなくても自分自身を見ることができ、「聞く人」がいなくても自分自身や他人の声に耳を傾けられるように。

まず、我々はこうした問題をめぐって、どんなものを見ようとか聞こうとか思っているのか？たとえば、攻撃的な性質や反抗心を持った人がいると仮定しよう。もし攻撃的な人なら、その性質は最初、行動に現れる――体や言葉で表現されるか、しぐさや表情に出るかもしれない――だろう。なんらかの形で行動に示されるはずだ。さて、そのような行動をとっているとき、彼は自分の行動についてわかっていない。自分が攻撃的になっているとは思わず、こう考えるだけだ。「私は正しい」、あるいは「私は攻撃されたのだから、こうすることが必要なのだ」と。自分の行動が攻撃的だとは感じないのである。やがてある時点で、彼は何が起きているかに気づくかもしれない。そしてこう考えるだろう。「私は攻撃的になっている。それではいけない」。そう考えて行動を抑えても、その人は自分の意に反してなおも攻撃的である。つまり状況は変わっていない。攻撃性を観察している人は、攻撃的な性質で満ちている。したがって、何の変化も起きないのだ。

別の反応をあげてみよう。それは攻撃的になるのでもなく、攻撃性を抑えて自分の意志に逆らうのでもない。攻撃的な行動を保留しておく、というものである。行動が現れて花開き、進展していくに任せるのだ。すると、その攻撃性の姿や、自分の心の中での真の構造がわかるだろう。あなたの中では動きが——肉体的な感覚が——発生する。鼓動や血圧、呼吸の仕方が変化し、体が緊張感を覚えるだろう。このような感覚とともに、思考も生まれてくる。あなたはこうした状況を観察したり、認識したりできるし、それぞれのつながりを理解できるはずだ。通常、このような感情と肉体的な反応は、すべて一つのものとしてとらえられる。そして、思考はそれと別の、無関係なものだと思われている。しかし、つながりを認識するにつれて、感情や反応および思考が、別個に存在しているわけでないことがさらにはっきりしてくるだろう。

このような保留という行動を、人はあまりとらない。行動としてはありえそうに思われるが、人類はそうした方向にさほど進化してこなかった。むしろ、迅速な反応という性質を身につける方向に進化してきたが、それは暴力行為に好都合なものである。たとえば、あなたはよく、暴力的な反応にはあとで報いがあると考える状況に置かれるかもしれない。または、こんな言い方をすることもあるだろう。「暴力的になるべきでないと世間では言われている。だから、そうならないようにしよう」。しかし、その間、あなたを暴力的にさせる思考は働き続けているのだ。いずれにせよ、何の進展もないだろう。その結果、暴力は絶えず増え続ける傾向にある。暴力的な思考は記憶の中に「プログラム」されている。あなたが暴力的になればなるほど、暴力に関するプログラムが残され、ますます暴力的性質がひとりでに現れるようになるのである。それが主たる要素だと私は考えている。遺伝的な要素も存在するだろう。人は、力を振りかざして反応しがちかもしれない。そんな行動は保留すべきなのだが。とにかく、ジャングルの中でさえ、常に力が求められるわけではない。それどころか、ほとんどの場合は暴力行為を保留状態にすることが求められ、暴力がふるわれるのはまれである。ジャングルで生き延びるためには、保留という行為を覚えなければならないのだ。

保留のプロセスでは、二つの点に気づくかもしれない。一つ目は、肉体的な反応が思考によって生まれるということだ。したがって、思考によって生まれなかった肉体的な反応は、意味のあるものではないだろう。もし、体がひどい興奮状態にあるとしても——何か行動を起こすべき理由の一つに思われるが——あなたが考えていたほどの意味はない。二つ目は、思考が感情に影響を及ぼし、感情が思考に影響を及ぼしているという直接的な証拠が、「自分」を通さなくても得られることだ。

通常、思考と感情、行動とをつなぐ唯一のものは、人の中心にある「存在」である。「存在」が、それらすべてに関わっているのだ。——これはあらゆる事物がどう関連するかについての一つの考え方で、この「中心にある存在」が非常に重要だと感じられる理由を示している。すべてのものがその人間の中を通っていく。この本人がさまざまなものの源泉であり、中心なのだ。しかし、実際は、思考と感情がそれぞれ別のプロセスとして動いている証拠が見つかるだろう。それらは「私」の中を通過していない。「私」が生み出したものでも、経験したものでもないのである。

とはいえ、全体的なシステムの中に作られた、いわゆる自己指示という概念は存在している。それは「自己受容感覚」とか「自己認識」と呼ばれる。肉体は自分でその一部を動かせば、たちまち気がつくものだ。もし、何か外部からの力によって急に腕を動かされたら、自分で動かした場合と違うことがわかるだろう。神経はそうした点を見抜くように作られている。これと関連するが、眠っている間に脳卒中の発作を起こし、誰かに攻撃されていると思って目を覚ました女性の話があった。明かりがついてみると、その女性は自分自身を殴っていたことがわかった。彼女の感覚神経は損傷を受けていたが、運動神経は無事だった。そのため、自分で自分を殴っていることを知るすべがなかったのだ。結果として、彼女は誰かに殴られていると推測し、「攻撃者」に抵抗すればするほど、自分を打つことになった。このように、体には自己受容感覚というものが存在する――体から発生する行動と、外部から発生する行動との区別が、機能的な違いとして認められるものだ。この観点からすると、中心としての自己があり、体が行動の中心であるという概念は妥当である。どうやら動物もこのような考え方をしているらしく、そうした識別ができている。したがって、「私」という概念がすべて間違っているわけではない。さもなければ、この概念は決して生まれなかっただろう。

問題は、このように自然で有益な識別が、自我という矛盾へ変わった理由である。正しくて有用なものが、なぜか誤った方向へ発展してしまったのだ。自己受容感覚が思考から失われ、人は思考を観察することをなんとか学ばねばならなくなっている。体を観察する状況においては、とにもかくにも観察が行われているだろう――明確な観察者がいるという感覚はなくても。

だが、思考も同様に観察できるだろうか？　注意を払うことによって、思考というものの別の感覚を呼び覚まし、状態を見るのは可能だろうか？　それができれば、思考には自己受容感覚が備わるかもしれない。思考がどう働いているかを自覚することになり、混乱は生まれないだろう。もし、人が外部に対して体を動かしているときに、それを自覚しなければ、すべてがうまくいかなくなる。また、思考が自分の働きをわかっていなければ、多大な混乱が生じることは明らかである。そこで、さらに先を見てみよう――まずは、保留ということについて、それから自己受容感覚について述べたい。

ここで、もう一度強調しておこう。怒りや暴力、恐怖――こうした感情はすべて保留状態にできるのである。もし、怒りを保留状態にすれば、そこには怒りを働かせ続ける、ある種の思考や想定が存在することがわかるだろう。そのような想定などを受け入れると、あなたは怒り続けたままになる。または、こんな言い方をするかもしれない。「私は怒るべきではない。実を言えば、怒ってなどいないんだ」。すると、怒っているという認識を失いながら、なおも怒り続けることになる。

それは認識を抑えることである。あなたは依然として暴力的だろう。求められているのは、怒りの認識を抑えることではなく、怒りをこらえることでもあらわにすることでもない。むしろ、不安定な地点――ナイフの刃の上のように――の真ん中に、怒りという感情を掲げておくのがいい。あらゆるプロセスが見られるように。そうした行動が要求されているのだ。

そこで最初の問題は、行動を抑制せずに、保留することが可能だろうかという点である。もし、それが不可能だと思うなら、抑制する気持ちを抑えないで、そのプロセスを観察してみよう――つまり、抑制していないのだと、自分に言い聞かせずに観察するのである。行動を保留状態にしている、いわゆる観察者が存在することにも気づくかもしれない。そして、目の前に掲げられた行動を観察してみよう――行動を保留しようとしている努力の存在が観察できると思う。重要なのは、こうした行為に何の公式もないことである。私はいかなる公式も処方薬も勧めているわけではなく、探求への旅に出発する上での要点を述べているだけだ。この探求の道がどこへ向かうのか、正確に語ることはできない。あなたはおそらく、行動が勝手に発生するのを止められないと気づくだろう。しかし、その後、自分が別の行動をとっていることに気づき始める。そして、ある段階で、どうにか行動を保留状態にできるだろう。その時点で、保留状態の行動を見ることができると自覚するはずだ。

行動を保留するためのもう一つの方法は、怒りを爆発させ、それを落ち着かせるというものである。爆発した怒りは静まるだろうが、なおも存在している。もっと重要なことが起こるからと停止状態にしたとしても、怒りはまだ消えず、表に出てこようとしているのだ。そのとき、怒りの原因になった言葉を探し出して、わざと怒りを呼び起こそう。そして、実際に表れた思考をよく調べてみる。強い力を持つ思考が表れたら――誰かに脅されたり、傷つけられたりして、「私は傷ついた」とあなたが言ったとしたら――何が起きているかを見てみよう。これはもっと力の弱い思考を眺めるよりも、ずっと骨が折れる行動である。

傷ついたという気持ちの裏には、「私は傷ついていない。とても気分がいい」と言っている、以前の思考が存在する。すべてはある種の感情によって成り立っている。つまり、「友人たちは私をこう思っているに違いない。これは、こんなふうだろう（などなど）。だから、私はとてもいい気分でいられる」といったものだ。そうした感情が背景にある。それは自覚されていないが、確かに存在する感情なのだ。そこへ誰かがこんなことを言うとしよう。「君は愚か者だ。まったくいいところがない」。こうして入ってきた新しい思考は、これまでと正反対の不快な感情を生み出し、ショックを与える。最初のうち、あなたはそれが何なのかわからない。よく見てほしい。ショックを受けた気持ちの裏には、「いったい何が起きたんだ？」という思考がある。あなたはこんなことが珍しくもない出来事だと見なし始める。傷つけられたのだと、自分に説明する。その説明は痛みという形で表される。自分にとってきわめて重要なことだったため、痛みもかなり大きい。以上のようなことがすべて瞬時に起きる――据えられた機械装置が爆発を起こすかのごとくに。実際に起きたときにこうした状態を観察できなければ、あとで観察してもいい――思い返してみよう。言葉にして思い返すのだ。すなわち、自分が傷つけられた言葉を検討し、何が起きたかを考えるのである。

あなたは初めに傷つけられたのと同じ言葉に、ふたたび傷つけられることに気づくだろう。それがどのように起こるかはわかるはずだ。状況に付随するさまざまな思考が、こんなふうに表れてくるだろう。「私は彼を信じたのに、裏切られた」。「僕はすべてを与えたのに、彼の行動ときたらこのざまだ」。このような思考は数え切れないほどある。今の状況を表す言葉を探し、そうした言葉がどう働くかを見るべきだ――目的は言葉の内容を調べることではなく、言葉がどんな影響を与えるかを見ることである。苦痛について考えることと、苦痛そのものを考えることとは異なっている。苦痛について考えることとは、苦痛が「外部に」あるという意味であり、まるでテーブルでも作るかのように、それについての抽象概念を作ることだ。したがって、自分が何かをしているわけではない。なぜなら、苦痛はテーブルのようなものと違うからだ――それは「自分」なのである。もう一つの、苦痛そのものを考えることのほうは、思考を詳しく調べ、思考が生むものは何であっても、生まれるに任せる行為だ。つまり、抑制したり行動に移したりせず、体や意識の中に思考をそのまま置くという意味である。どの方向にも進まないように行動を保留し、ただ思考が現れるに任せ、それを見守るということだ。

自己受容感覚の意味をより明確にするため、まず「一貫性のあること《コヒーレンス》」と「一貫性のないこと《ィンコヒーレンス》」について、さらに思考の暗黙的なプロセスについて、語ろうと思う。インコヒーレンスとは、意図と結果とがかみ合わない状態である。行動が期待通りに運ばないことだ。そうなると人は矛盾や混乱を感じ、インコヒーレンスを隠すために自己欺瞞を行う。知識は完璧な存在ではないから、避けることが無理なインコヒーレンスというものも中にはある。どんな知識も抽象概念であるため、限界は免れないだろう。知識とは、その時点まではあなたが学んだ事柄から成り立っているにすぎない。このように、知識には常に限界があるため、一貫性《インコヒーレント》のない存在になる可能性をはらんでいる。知識が適用されたとき、人が知識に従って行動したときに、インコヒーレンスが姿を現す。または、知識を通じて何かをしようとした場合にも。もし、あなたがしかるべき態度をとれるなら、こんな言い方をするだろう。「わかった。一貫性がないことを認めて、過去の知識は忘れるよ。状況を調べさせてくれ」。そして悪い点を探し出し、それを変えるはずだ。しかし、もしも自分の知識を守ろうとすれば、見当違いの方向へ進むことになる。守るべき理由がないにもかかわらず、人は知識を守ろうとすることが多い。

一方、コヒーレンスには秩序や美、調和が感じられる。だが、そのようなものにしか目を向けない人はともすれば自分をごまかすことになり、すべてが順調に動いていると言いがちである――何もかも秩序が保たれ、調和が取れて美しい、と。そこで、インコヒーレンスという「ネガティブな」感覚が必要になるのだ――それがコヒーレンスへ通じる道なのである。もし、ある人がインコヒーレンスに敏感であれば、その状態を認識し始め、やがて原因を探し出すだろう。コヒーレンスが我々に多大な価値をもたらすのは明らかである。そうあらねばならない。インコヒーレントな機能というものは実に危険だからだ。それに加えて、なぜか人はコヒーレンスを好むようにできている。それは人生の一部なのである。もし、人生があまりにもインコヒーレントな状態なら、さほど価値がないように感じられるかもしれない。すなわち、人には生来の価値観というものが備わっているのだ。しかし、それが混乱した状態になってきた。長年にわたって発達した結果、思考はインコヒーレントな価値観を生み出しており、そのせいで我々は混乱している。たとえばコヒーレンスを求める場合なら、間違った取り組み方をしてしまう。つまり単にコヒーレンスを強要しようとするだけで、インコヒーレンスを探し出して、取り去ろうとはしない。これは一種の暴力と言っていいだろう。その結果、インコヒーレンスがさらに広がることになる。

コヒーレンスへの動きは人間本来のものと思われるが、思考のせいで混乱させられている。きわめてインコヒーレントな反応は、記憶のプログラムの中に存在する。それをどうやって突き止めたらいいのか、どんな意味があるのかはわからない――そして時が経つにつれて、状況はいっそう込み入っていく。コヒーレンスには心の全プロセスが含まれている――思考の暗黙的なプロセスも。したがって、本当に重要な変化は思考そのものの、暗黙的で具体的なプロセスの中で起きなければならない。抽象的な思考の中だけで起きるのではだめなのだ。

実を言えば、この暗黙的で具体的なプロセスとは知識のことであり、コヒーレントかもしれないし、そうではないかもしれない。たとえば自転車に乗る場合だが、あなたが自転車の乗り方を知らなければ、それに関する知識は正しくない――つまり、自転車に乗ろうとする状況での暗黙知はコヒーレントでなく、あなたは意図した結果を得られないというわけである。インコヒーレンスであることは明白だ——自転車に乗りたいと思っても、あなたは転んでしまうのだから。物理的には、行動が生まれるところに暗黙知は存在している。そして身体的な変化は、暗黙的な反応がどう変化するかにかかっているのである。

したがって、抽象的な思考を変えることは第一歩だが、それによって身体的な反応も変わらない限り、充分ではない。こんなことを言う人もいるだろう。「君のやり方は正しくないよ。間違った方向に曲がっている。転びかけているほうへハンドルを切るべきなのに、とっさに逆のほうへハンドルを切っているじゃないか」。こうした助言はどれも役立つだろうが、それはいずれ暗黙的な部分に入ってこなければならない。あなたは実際に自転車にまたがってみた経験により、必要な暗黙知を得ると、これまで持っていた知識をいわば修正する。その暗黙知の中のある流れが、あなたが目的としていた方向へ動いて結果を出す。そうした動きが継続していき、目的の方向へとさらに向かう。そんなふうに暗黙知は学習していき、あなたはいつの間にか自転車に乗れるようになるのだ。理論的な裏づけも指針になるだろうが、人には暗黙知も同様に必要である。

ここで疑問が生まれる。自転車に乗る場合と同じようなことが、思考においても可能なのか？思考——考えること——は、実を言えば自転車に乗ることよりももっと実態をとらえにくい、暗黙的なプロセスだろう。思考の具体的なプロセスは、非常に暗黙的なものだ。暗黙的なプロセスの中で生まれる実際の段階において、思考は一種の運動である。原則として、その運動は自己認識できるだろう。思考を自己認識することが可能だと、私は考えている——運動している具体的な実際のプロセスを、思考は自分で認識できる。それを認識している「自己」を持ち込まなくても。

「自己受容感覚」とは専門的な言葉である——これを「思考の自己知覚」や「思考の自覚」、または「思考は自分の活動を認識している」と表現してもいいだろう。どんな言葉を使おうと、私はこう主張したい。思考は自身の運動を知覚し、自身の運動を認識できるはずだ、と。思考プロセスには、そうした運動の認識や考えようとする意図、考えることによって生み出される結果が存在すべきである。さらに注意深くなれば、自分自身の外で思考がどんな結果を生むかに気づくようになるだろう。そして、自分の中で思考が生み出す結果にも気づくかもしれない。おそらく、思考が認識にどんな影響を与えるかということも、即座にわかるようになるだろう。

もし、あなたが体を動かせば、動かしたことにたちまち気づくはずだ。それは意識的な認知ではなく、ほとんど無意識の認知である。体を動かしたのは自分であって、他のものによって動かされたのではないとあなたにはわかっている。体を動かそうという衝動と、動かしたこと自体との間に覚識《アウェアネス》があるのだ。

物理的に言えば、思考が働かなくても、また何も考えなくても、人は動いたとたん、行動の結果を知っているべきである。反応に時間のずれがないように。もし、動いてから結果がわかるまでかなり時間を要するなら、体はうまく機能しないだろう。これは生存のために必要不可欠な要素である。このように、肉体の動きには自己受容感覚が備わっている。そして、それは向上させることが可能だ――運動選手やダンサーは自己受容感覚を向上させることを学んでいる――が、誰にとっても完璧な状態というわけではない。なぜなら、多くの人は自覚を持たずに運動しているからである。だが、自己受容感覚は確かに存在しているのだ。

思考についてはどうだろうか？　あなたは考えようとする衝動に襲われる。そして思考が発生し、あらゆる事態が起きる――つまり「感情」が発生したり、体が緊張したりする。しかし、思考とそうした事態とのつながりがわからなければ、自分で自分を打っていても、誰かに殴られていると思った、あの女性と同じだろう。彼女は行動を起こしたのに、思考にはそれがわからなかった――他の誰かの行動だと思ったのだ。そのように誤ったとらえ方をされたつながりのせいで、世の中のすべてが変わってしまう。たとえば、嫌いな人にあなたが出会ったとしよう。あなたはこう考え始める。「あいつはなんていやな奴なんだ。あいつには我慢できない」。言葉にする必要さえなしに、そういった考えがほぼひとりでに生まれてくるだろう。あなたは胃に痛みを感じ、こんなふうに言う。「胃の調子がなんかおかしいようだ」。心拍数が変化し、他にも変化が現れるかもしれない。自分を傷つけ、まったく敬意を払ってくれない人のことを思うと、あなたは感情的になるだろう。そして、こう言うのだ。「心の奥で何か直感が働いている。これは根拠のあることに違いない」。そのような状態こそ、思考において自己受容感覚が失われたことを示している。

これに関連した話だが、皮膚の抵抗値を測定し、その値が情動の状態によって変化するという装置がある。もし、誰かに言われたことにあなたが反応すると、二、三秒後に装置のメーターの針が動く――衝動が脳を通って神経系に伝えられるまで、それだけの時間がかかるということだ。あなたは自分がそんな情動反応をしたことさえ気づかないかもしれない――もっとも、情動が強烈な場合には気づくだろう――が、いずれにしろ、影響を受けたわけである。もし、それが自分でわかるくらい強い気持ちなら、あなたはこのような言い方をするはずだ。「なんとなくそんな気がした」と。

さて、それは二、三秒前、ある人に言われたことが原因なのだが、あなたにはそのつながりがわからない。自分の感情と結びつけずに、こんなことを言うわけである。「なんとなく心の奥で感じるんだ。私が怒るのも当然だというしるしだろう」。あなたは怒りを正当化するためにその感情を用いてこう言う。「こんなふうに直感がひとりでに生まれてくるのは、私が何かに気づいているからだろう。つまり、私の怒りは正当だということだ」。そして、こういった思考からさらに感情が生まれるといった形で、延々と続いていく。人は自己受容感覚がなければ、思考を正しく理解できないのである。

のちにこうした状態を理解できると、あなたは言うだろう。「あのようになったのは、私の思考が原因だ」と。だが、その頃にはすべてが混乱状態になっており、思考をすぐに引き出すことができない。一方、もしも思考に自己受容感覚があれば、あなたは即座にこう言うはずだ。「私には考えようという衝動があった。そしてあることについて考え、その結果、怒りの感情が生まれた。怒りが生じた原因をそう考えると、すべての意味が通る」。しかし、怒りが思考から生まれたのではないとあなたが感じていれば、現実をそのまま認識したものとして暗黙のうちに受け取るだろう。

思考の自己受容感覚は、自発的に生まれる可能性があると私は考えている。肉体の場合と同様に、心にも自己受容感覚が存在するかもしれない――暗黙的なプロセスの中に自己認識があるということだ。それがまさに心の本質かもしれない。しかし、非常にとらえどころのないものであり、ずっと抑制されてきた。さもなければ、人はこんなふうに言っただろう。「確かに、ここには恐ろしくて不快なイメージを作る思考が働いている。だが単なるイメージだから、まったく重要ではない」。ところが、こんな言い方をされているのだ。「そんなことを考えないようにしなくては」。または、起きていることに気づきもしない場合もある――あなたは、そのまま立ち去ってしまうだけだ。対象に専念できないのである。何かが起きても、注意が他にそれるか、忘れてしまうかということになる。人は絶えず忘れており、麻酔をかけられたようにぼんやりと曖昧な感覚を抱いている。つらい思考をせずにすむよう、脳がそういう状態を生み出しているからだ――人がとても不快な思考をしないように脳は守っているのである。

最も重要なのは、肉体のプロセスが運動であるということだ。それは衝動とともに始まり、結果が出るまで進み続ける。発達していく様子が感じられるだろう。さて、思考もやはり運動である――もし思考がプロセスだというなら、運動でもあると言っていいはずだ。しかし、思考は自分自身を運動としてとらえず、真実としてとらえている——ただそこに存在し、物事の姿を教えているものである、と。原則として、思考の運動は自己認識できるが、混乱状態が続いている場合は認識できない。それはまるで、宇宙を見る上で障害になっている、ラスベガスの明かりのようだ。そんな明かりがこの世で最も重要なもののように思えるかもしれない。あまりにも強烈すぎて、意識がそれで満たされてしまうからである。しかし、ごくかすかにしかわからないもののほうが、もっと重要かもしれないのだ。

この点において、いくらか目を開かせてくれる考え方が他にもある。それは思考を反射作用のシステムとして見るというものだ。反射作用とは、ある出来事が起きたときに、別のものが自動的に起きることを意味している。反射作用にはさまざまなものがあり、条件づけができる。たとえば犬には、餌を見たときに唾液を出すという反射作用がある。パブロフは犬に餌を見せながらベルを鳴らすという実験を行った。それを何度も繰り返すと、しばらくするうちに犬は餌を見せられなくても、ベルの音を聞いただけで唾液を出すようになった。それが条件づけの基本形だ——何かを何度も繰り返すということである。反射作用の条件づけは四六時中見られるだろう——我々が物事を覚える場合の大半は、条件づけされた反射作用を作ることから成り立っている。人は車の運転を覚えるとき、それに合うよう、自分の反射作用に条件づけをしようとするのである。

初歩的な思考は、一連の反射作用という形をとっているかもしれない。もし、誰かに名前を尋ねられたら、あなたはたちどころに答えるだろう。それは反射作用である。もっと難しい質問になると、心は答えを求めて記憶の中を探る。「探求反射」が作動するのだ――心は記憶の中を探り、ふさわしいと思える答えを探す。すると答えが現れて、あなたはそれが適切か否かを判断できる。こうした全体的なシステムは、一連の反射作用であると考えられる――思考とは、限界がないと思われる、反射作用の非常に精妙な組み合わせだと。人は反射作用にさまざまなものをつけ加え、修正もできる。完全に論理的なプロセスでさえ、ひとたび記憶に関わると、一連の反射作用になってしまうのだ。そうした状態を私は「思考」と呼びたい――それには情動、肉体の状態、身体的な反応など、あらゆるものが含まれている。

そして、思考は物質的なプロセスの一部である。思考は脳の中に、神経系に、全身に発生する――すべては一つのプロセスなのだ。思考は、ラジオの電波やテレビ、文字などの物質的なプロセスによって伝えられる。会話においては、発せられた声が思考を伝達する。体の中では、神経系のシグナルによって思考が伝えられる。そこにはなんらかの基準があるが、あまりよく解明されてはいない。思考とは物質的なプロセスであると私は考える――思考自体が反射作用を持っているのだ。もし、これが真実だという洞察や認識を持っていれば、あなたは実際にその影響を受けるだろう。そうした洞察や認識は、あらゆる反射作用を含んだ物質的なプロセスにかなり影響を及ぼすかもしれない。しかし、起きている事象に関する我々の知識が、知的な、あるいは推論的なものにすぎなければ、あまり影響を与えないだろう。

物質とは非常に曖昧なものかもしれない。科学はそのすべてを解明していないし、おそらく解明することはないだろう。しかし、物質とは単に機械的なものでもないのだ。したがってそれは、科学ではたどれないかもしれない、非常に深遠かつ巧妙な方法で認識に対応できるだろう。そこには変化が起きるはずだ。こんな概念が成り立つ。すなわち、洞察や認識はあらゆるものに影響を及ぼすだろうというものだ。これは推測に基づいた理解に影響するだけでなく、科学的なレベル、暗黙的なレベルにも影響する――すべてに影響を与えるのである。

洞察という可能性が人にあることとは重要な点だ。仮にこう自問したとしよう。「思考が物質的なプロセスだとか、常に認識に関与するとかいう洞察を、我々は持っているのか?」。もし、そんな洞察を持っているなら、ある程度の障害は取り払われるだろう。しかし、人の一連の反射作用や暗黙知はそれに反対して、こう言っている。「思考とは物質的なプロセスではない」。人は最初、こんな反応をするものだ。「思考は物質とははるかにかけ離れたものだ。とにかく物質とは分離されている。思考にはなんらかの精神的な真実か意味があるのだ」。こうした概念は反射作用として、人の中に条件づけられてきた。

しかし、ここで私は、「思考とは物質的なプロセスであり、認識に関与している」と言いたい――つまり、思考が物事の状態を語るだけだという概念は、あまりまともな見方ではないのである。この洞察を得られれば、あるいは「思考に自己受容感覚的な性質はないが、それを必要としている」と洞察できれば、反射作用をつかさどる脳のシナプスに影響が現れ始めるはずだ。

7

Participatory Thought and the Unlimited

参加型思考と無限

初期の人類の文化においては、また現代でもある程度までは、「参加型思考（participatory thought）」と呼ばれるものが存在している。そうした文化に属する人々は、目にするものの一部に自分たちが参加していると感じていた——世界中のあらゆるものが互いを分かち合っており、事物に宿っている精霊はすべて一つのものである、と。イヌイットの例をあげてみよう。アザラシは数多く生息しているが、どのアザラシも、ある一頭のアザラシ——アザラシの精霊——の現れだという信仰をイヌイットは持っていたに違いない。つまり、姿を現した一頭のアザラシは、多くのアザラシの出現を意味するのである。そこで、イヌイットは精霊たるこのアザラシに、食物を得られるようにまた現れてくれ、と祈りを捧げたのだ。アメリカ・インディアンの中にも、これと同じような考え方でバッファローを見ていた者がいると思われる。そうした人々は自分たちと自然との絆を感じ、ある意味で、自然の事物の思考を共有しているという強烈な認識を持っていた。

現代の人々はこう言うだろう。「そんな考え方はばかげている——アザラシがみな違うのは明らかではないか」。より客観的な思考を発展させた人々はこんな言い方をする。「我々が求めるのは、自分たちが参加する思考ではない。考えることができ、どんなものかがわかっている思考だ」。だが、こうした現代的な考え方は性質が違う。イヌイットの観点と、我々の観点とは違うのである。

参加型思考を別の例で説明しよう。我々が話しているところを思い浮かべてほしい。私はあなたを見て、あなたの声を聞いている。見ることと聞くことという、この二つはまったく違う経験である。しかし、私が実際に経験するのは、自分が現に見ている人の声が聞こえるということだ――見えている人と声を発している人とは同一人物なのである。異なるものを一つのものにしているのは、思考の一方法だ。同じような意味でこんなことを言う人もいるだろう。「私の中に入っていく息は部族の神の霊魂、あるいは全宇宙の精霊だ。心臓も肺も胃も、すべてのものに関わりがある」。これは文化における参加型思考の考え方と非常によく似ていると思われる。

参加型思考とは、認識したり考えたりするための独自の方法であり、およそ百万年の間、人類が用いてきた考え方である。この五千年ほどは人々の考え方も変化し、現在では参加型思考に対してこんな言い方がされる。「そんな考え方はすべてナンセンスだ。そのようなものに注意を払う気はまったくない」。今日、我々の多くが好む思考は「具体的思考(literal thought)」と呼ばれるものである。

具体的思考は、現実をありのままに反映することを目的としたものだ――物事をそのまま伝えることを求めている。それが最善の思考だと見なされる傾向にある。たとえば専門的な思考の場合は、事実そのままであることを狙いとしている。そのような思考の目的は明確さである。成功しない可能性があっても、目標はあくまでも物事をありのままに知ることなのだ。英国の哲学者であるオーウェン・バーフィールドは、そうした具体的思考を偶像崇拝と比較した。もし、人が偶像を作れば、それは初めのうち偶像そのものよりも強い力か、ある種の霊的エネルギーの代わりを務めるかもしれない。だが、次第にそれは文字通り、偶像として受け取られるようになる。

そして、偶像は最高の価値を与えられるという結果になるのである。同様に我々は、自分たちの言葉や思考が現実をありのままに表現したり、述べたりしている限り、それらを崇める。しかし実を言えば、そういった言葉や思考は現実をありのままに表現などしていないのだ――それらは過大評価されている。ある程度の現実は把握できるとしても、言葉や思考が「すべて」を網羅するわけではない。

参加型思考に大半を頼っていた文化も、実際的な活動にはおそらく具体的思考を用いていただろう。だが、自らの根本に関わる事柄には、ほとんど参加型思考を用いていた。トーテム像――自分たちと同一視している動物をかたどったもの――を持つ部族はこんなふうに言う。「わが部族とこのトーテム像はまったく同じものだ」。これは、その部族とトーテム像が、ある種のエネルギーや精霊を共有しているという考え方だ。または、万物には宇宙的な精霊や事物との絆があるとさえ、言われるかもしれない。ちょうど、声が聞こえている人物と見えている人物が同一であると、私が言ったことのように。つまり、トーテム像が部族そのものというわけだ。人はトーテム像を通じてその部族に接するか、部族の一員、または全部族を通じてトーテム像に接するのである。

こうした考え方を試してみるのは非常に興味深い。いずれにせよ、人は絶えず参加型思考を行っており、それがなくなることはないと思われる。たとえば、自国が攻撃を受けたら、自分も攻撃を受けることになる。すると、我々はまさに参加型思考をするようになり、こう言うだろう。「おれとこの国とは同じものだ。その国境線を越えたら、おまえはおれを殴ったことになる」。そのような考え方をしていることは多いが、人はそれを否定するだろう。参加型思考などしていないと、具体的思考は断言する。したがって、具体的思考とはインコヒーレントなのである。人が具体的思考に多大な価値を与えているのは明白だが、実を言えば、暗黙裡に参加型思考にも大きな価値を与えている。その結果、すべてが混乱状態に陥っているのだ。具体的思考は自覚している認識の中に見られ、テクノロジーを可能にし、さまざまな方法で膨大な利点をもたらす。同時に、参加型思考はなぜか日陰の存在となり、輝きを失った。だが、参加型思考はひそかに残っている。

ところで、「参加（participation）」という言葉はどんな意味だろうか？　実は、二つの意味がある。早く用いられたのは、「分かち合う」という意味だった。人々が食物を分かち合う場合のように――全員が共有の器から食べ、パンだろうと何だろうと分け合う。象徴的なものにせよ、実際的な行為にせよ、昔の人々にとってこの言葉は源泉を分かち合うことを意味した。トーテム像と自分たちが、源泉からのエネルギーを分かち合っていると彼らは感じた。一体化という感覚が生まれたのである。西欧の文化において、この意味は中世まで存続した。二つ目の意味は、「参加する」というもので、人を何かに加わらせることだ。現代ではこれが主流となっている。ある人が受け入れられ、全体の中に入ったことを意味する。人はなんらかの形で自分が受け入れられたという感覚がなければ、どんなものにも参加できないのである。すべてを考え合わせると、こうした考え方からは、対象と主体との分離は生まれてこない。潜在的な思考として、何かが一体化しているという感覚や感情が作り出されるだろう――たとえば、国境そのものは、実を言うと分離を生み出していない。国境という言葉が表現する目的のために、国境が存在することによって、分離が生まれているのである。

中世の時代、神学者であり哲学者でもあったトマス・アクィナスは、参加という概念をよく用いていた。彼によれば、文の主語は目的語に加わっているという。また、地上で人が見ている光は、太陽に関与しているというのである。光は太陽の純粋な物質の中に存在し、それを人が地上で受けている、と。そういった考え方は人類が進化する大半の間、一般的なものだった。この参加型思考の特色をぜひとも把握するべきである。こうした考え方をすれば、地球を我が物にしようと思う者も出ないだろう。人は地球を共有しているのであり、それを略奪しようなどという行為はばかげている。心の奥の無意識の部分では、誰もがある程度の参加型思考をしているに違いない。おそらく百万年もの間、人類はそうした考え方をしてきたからだ。具体的思考が優勢になったのは、比較的最近である。

参加型思考では、すべてのものがあらゆることに参加していると見なす。参加者自身が地球を分かち合っていると考える——そこには「個人」という概念はない。人が地球によって育てられているようなものだと言っていい。たとえば、食物のことを考えてみよう——あなたは食物を取り入れる。自分と分離した対象のように見えるその食物が、あなたの一部になる。食物があなたになるのは、いつからか？　どのようにして、あなたになるのだろう？　どの段階で？　食物があなたになったときと、ならないときとの境界線をどこで引くのだろうか？　おわかりと思うが、食物を文字通り分離された対象と見なすのは、どこかが間違っている。具体的思考は断片化の方向へ向かいがちだ。一方、参加型思考は物事を一つにまとめようとする傾向がある。

しかし、参加型思考にも、実に不適切な、むしろ危険とさえ言える面がいくつかある。たとえば部族の中には、「人間」という言葉を、自分たちの部族の構成員と同義語に使っているところがある。他の部族と会ったとき、その言葉のせいで、彼らは自分の部族以外の者を人間ではないと見なしてしまう。ある意味では、彼らも他部族の者が人間だとわかっているだろうが、そうした言葉の持つ力は絶大だ。それゆえ、この部族は他部族を自分たちの中に「参加」させることができないだろう。その時点で参加型思考は行きづまり、人々は断片的な思考を始めるようになる。もう一つ、例をあげよう。ヒトラーの時代の、ドイツのビアホールでのことである。人々はビアホールで腰を下ろし、参加意識と同志愛を大いに感じながら歌った。「おれたちはみな仲間だ。おれたちは世界を征服しに行く。そいつは実にすばらしいだろう」。だが、現実に行動を起こしてみると、それはあまりすばらしいものではなかった。このように、参加型思考というこの概念が、必ずしも完璧な幸福を生む公式ではないことがわかるだろう。

五十万年ほど前、人々は具体的思考をさほど必要としなかった。彼らは狩猟採集民という小グループで生活していた。誰もが互いを知っており、ごく簡単な技術上の目的のためにだけ具体的思考を展開したのである。しかし、そのうちに農業革命が起こり、より大規模な社会が作り上げられた。そうした社会には組織や秩序、技術がいっそう必要になり、具体的思考をさらに用いなければならなくなった。こんな言葉で示される社会が組織されたのだ。「あなたはここに属している。あなたはこれをやりなさい。そして、そっちのあなたはそれをやりなさい」。このように人々は、他の人間も含めて、すべてを分離された対象として扱い始めた。目的を達成する手段として、人間を用いた。文明が発展すればするほど、目的達成の手段に思考を使う方向へと社会は進んでいったのである。

やがて、そうした考え方は国同士の関係にも入り込んできた。どの国も他の国を、支配する対象や、争ったり倒したりする対象として扱った。実際的で専門的な形になった思考が、より広い範囲へと絶え間なく広がっていったのである。参加意識そのものは断片化され、弱まった。参加意識は限られた範囲にしか存在しなくなり、絶えずその範囲を狭めていった。おそらく家庭や、ある種の儀式的な行事――街や国、宗教や神といった形式での――の中には参加意識が存在するだろう。だが、物事はますます、いわば「世俗的な」方向へ進んでいったのだ。

しかし、何かを集団で行う場合には、参加意識が絶対に必要である。それでいて、最近は参加意識がうまく働いていない。具体的思考のせいで混乱させられているからだ。したがって、参加型思考と具体的思考との違いを理解することが必要である。その違いを引き出す方法ははっきりしない。というのも、ある程度までは内面的、精神的に、人には具体的思考が必要だからだ。そしてある程度まで、表面的には参加型思考が必要とされる。つまり、参加型思考と具体的思考との境界線を明確に引くことはできない――この点を心得ておく必要がある。こうした面倒な事態になる理由を、我々はもっとよく理解すべきだろう。

官僚制度や階級制度のある、現代の組織を考えてみよう。そのような組織において、人は対象物として扱われる。あれやこれやとすべき仕事があり、それに適応した場所に配備される。具体的思考では、人を機能によって定義づける――人はまわりから呼ばれる通りの存在になるのだ――たとえば、作業員や銀行家といったように。そこから社会的な階級制度が生まれてくる。人々は互いに孤立しており、参加意識は非常に限られている。

そこで、また同じ問題が現れてくる――人間が対象物を作り出している、ということだ。そうした視点に立つと、世界はまさに対象物から成り立っていることになる。我々は他人を対象物としてとらえ、やがて自分をも対象物として扱わねばならなくなる。そしてこう言う。「私はここに適応しなくてはならない。これをやって、あんなふうになって、もっと向上しなくては」などと。だが、「社会」とは客観的な現実ではない。あらゆる人々の意識を通じて作り出された現実なのである。社会には、ひとたび人によって作られれば指摘できる、「客観的な」特徴がいくつも存在している。特に、多人数が関わる場合には、統計的な要素が加わる。物理学でも似たようなことが発生する。仮に、原子一個だけを正確に測定しようと思っても無理だろう――複数の原子が結合しているからだ。しかし、統計的に原子を測定すれば、平均的な数値が得られる。それは客観的なものである。その数値はいつ誰が測定しても、同じ結果になる。平均的な数字はわかっても、個々の原子のものはわからない。社会においても、平均的な行動というものは得られるし、それは予測可能な場合が多い。しかし、真の意味で人々を動かして社会を出現させるものと比べれば、平均的な行動などはあまり意味がない。個人的にも集団的にも——どちらにおいても——我々は意識というものを抱いている。そして、意識がこの社会を作り出し、思考や知性、感情などによって維持しているのである。

対話グループにおいても事態は同様で、誰もが異なった存在だと言えるだろう——「私はここにいて、あなたはそこにいる。あなたはこれを知っていて、私はあれを知っている」というように。だが、参加意識もそこには存在する。起きているあらゆることを誰もが共有しており、おそらくなんらかの貢献もしているだろう。目に見える貢献をしなくても、あなたはなおも参加しているし、何かしらに関与しているのだ。あらゆる思考や感情、見解、意見が人の中に入ってきて、育っていく。たとえ、自分ではそれらに抵抗していると思っても。とりわけ、人は思考に影響されている。「あれは彼の見解であって、私の見解はこちらなのだ」——こうした考え方は間違いである。どんな見解もただの思考にすぎない。どこに存在していようと、思考は思考だ——すべては一つの思考なのである。ちょうどイヌイットが、「すべては一頭のアザラシだ」と言うのと同じように。ただ、イヌイットの場合よりも、こちらの考え方のほうがその程度は強い。これは、参加するという見解が実際に機能している一例である。思考はすべて一つのものであり、どんな場所にでも顕在し、あらゆる具体的な内容を持っている。そこで、具体的思考と参加型思考に関するこの問題と向き合う上では、対話の精神が重要である。文化の大半の同意を得られない方向へ向かうことになると、わかっていても。

とにかく、具体的思考にばかりしがみついていては、参加意識が生まれる余裕はない。我々は形式的で機械的な関係ばかりを考えている。自己が対象物として存在し、すべてがこの自己から生まれてくると思っているのだ。しかし、私はこう提案したい。真の意味での参加ができれば、思考によって差異が出現しても、そうした差異の間に参加意識が存在する、と――人と人との間、思考と感情との間、どんなものの間にも。全世界というものの本質は、最終的には相互参加だろう――つまり、すべてが、すべてのものなのである。私は自著『全体性と内蔵秩序』（井上忠・伊藤笏康・佐野正博訳、青土社、一九九六年）において、こうしたことを述べた。それは物事の別の見方である――つまり、あらゆるものが、あらゆるものをいわば「包み込んで」いるということだ。究極的には、すべての根底にあるものは「包み込まれて」いるのであって、それを「抜き出す」ことは単なる提示、または包み込まれたものの展示にすぎない。

人類が犯してきた根本的な間違いの一つは、ひとたび終わった思考が消えてしまうと考えたことだろう。しかし、思考は消えたわけではない――それは意識の残りの中にいわば「折りたたまれて」いるのである。たとえ人にはわからないとしても、なおも存在しているのだ。その思考がふたたび抜き出されるかもしれないし、形を変えて抜き出される可能性もあるだろう。つまり、意識の背景から表面へと思考が抜き出され、ふたたびもとの場所へ戻っていくプロセスが絶えずある。思考と同様に感情も抜き出される。そして思考が続いていくと、感情や肉体の動きなどがさらに引き起こされるのだ。それは絶え間のないプロセスである。おそらく、思考が「始まる」とも終わるとも、言うことはできないだろう。というのも、人が進み続ける限り、思考は本質へ、過去へと戻っていくからだ。人類、そしてあらゆる生物は環境から「抜き出され」たのである。

　これに関連して、人類の三つの面について論じたい。一つ目は個人であること、自分自身であることという面だ。個人の肉体はなんらかの形で他者から切り離されている――だが、完全にではない。個人の肉体は、空気や陽光や食物と同化しているからだ。実際に肉体が終わる場はない――その境界は相対的なものである。酸素分子が体内に入ると、肉体が急に生命力に満ち、酸素分子が二酸化炭素として出ていくと、肉体が死んでしまうといったことは言えないのだ。肉体にはっきりした終わりがあると断言することは無理に違いない。おそらく生命がどこから始まり、どこで終わるかさえ、わからないだろう。むしろ、肉体はある地点における、生命の一種の「焦点」だと言えよう。とはいえ、各個人は固有の特質を持っている――身体的な特徴、遺伝に起因する特質、ＤＮＡなど。そして精神的な特徴も備えている。経験、背景、能力など。それに加えて、セルフイメージというものがあり、それによって人は自分を識別しようとするのである。

　次に、我々には人類だという集団的な面がある。おびただしい数の人間――社会や文化――が存在する。この特質は新しいものであり、潜在的にも実質的にも強い力を備えている。我々は対話の中で、ある種のコヒーレンスや秩序にそうした力をもたらす方法を論じているのだ。

　そして、三つ目の面――宇宙的な面がある。それは人が自然や、科学の宇宙論《コスモロジー》、宗教に熱中している領域のことである。太古から、つまり有史以前から、人類は常にこのような領域に心を向けてきた。自然とは、個人や社会を超えたものであると感じられていたのだ。前にも述べたが、文明の初期の頃には精霊信仰《アニミズム》というものがあった——人はあらゆるものに生命が備わり、霊魂があると感じていた。そして、こうしたすべてのものに自分たちも参加していたのである。だが、自然の場から、町や農地（農地と言っても、野生の自然とはかなり異なっている）に移動するようになると、人々は宇宙的なものを求め始めた。そして、その欲求を満たすため、さまざまな方法を取り入れだしたのだ。そうしたごく初期の頃に芸術が生まれたが、それにはおそらく宇宙とのつながりめいたものがあるのだろう。その後、宗教や哲学の概念が生まれた——宇宙との絆を作ろうとしてのことである。

そのような概念は存続している。だが、多くの人はもはや宗教という想定を信じていない。宗教は消え去り、人は自然から遠く離れ、哲学は混乱している。現代社会では、科学がある程度、人間と宇宙とをつなごうと試みているものの、限界がある。そして、どのみち科学をあまり理解できない人が多い。こう考えると、宇宙的な面とのつながりはかなり失われているように見える。しかし、人には宇宙的な面をふたたび得たいという気持ちがあると私は思っている。それは人間にとって、個人的な面や集団的な面とともに、必要不可欠なものなのである。

人と宇宙との絆は切れていると言っていいだろう。さまざまな文学作品において、人類が「自然の終焉」にいることがほのめかされている。人は昔、自然を広大で、人の力の及ばない存在だと見なしていた。だが、今の我々は、自然を破壊できる地点に来ている。部族文化ではこう言われていた。「地球は我々の母だ――母親を大切にしなければならない」。今では、こんなふうに言われる。「いや、それは違う。我々は地球を活用しなければならないんだ」。人と自然とのこのような関係の変化――自然との絆の終わり――は別の影響をもたらしている。かつて人はこう言ったものだ。「ああ、ここは環境がかなりよくないな。しかし、自然は〝あちら側〟にもあるから、問題ない」。だが現在ではもう、そうした贅沢な見解はありえない。自然が無限のものだという考えには、もはや頼ってはいられないのである。

その点にひとたび人々が気づくと、非常に大きな心理的変化が起きる。まるでこう指摘されたかのように。「もう母親を頼ってはいけない。君は独り立ちしなくてはだめだ」。我々がいる状況はそれに近い――自然が存続するか否かは、人類にかかっているのである。そこで、新しい方向づけが暗示されている。人間はまさに地球のすべてに責任を負っている、というものだ。すると疑問が生まれてくる。その根拠は何か？　人とは何なのだろう？

人間の本質とはどんなものか？　そうした責任感は、人のどんな源泉から生まれてくるのか？　責任ある者になれ、と我々を促すものは何か？　責任感の根拠は何なのだろう？　総じて、人は自分がそのように責任感のある存在だと思ってこなかった。これはまるで、成長した人間が両親にこれからも面倒を見てもらおうと考えていて、こう気づくようなものだ。「いや、もう状況は変わってしまった。今度は逆に、自分が親の面倒を見る番だ」

自然を組織化することによって、人類が生存できると考える人々もいる。汚染に侵されても生育可能な樹木や植物の種を見つけるといった方法で——遺伝子工学やその他の手段を通じて、新しい種を作り出せばいいという。世界を充分に産業化できたのだから、自然そのものも産業化が可能だと彼らは考えている——、それを「自然産業」とさえ呼べるだろう、と。今の我々には娯楽産業があり、実質的に文化産業や教育産業がある。それと同様に、自然産業もありうるというわけだ。自然を保護すると同時に、自然に利益を生ませる試みも可能だろう。もしかしたらテクノロジーによって、そうしたことが開発されるかもしれない。先はわからないのだ。少々疑わしく思えるが、可能かもしれない。しかし、そうなれば、人間はどうなるのだろう？　どんな生活になるのか？　それは「参加型の」生活だろうが、あまり良さそうに思えない参加の仕方である。

こういった全体的な問題について、人類の果たす役目はますます大きくなっている。それを考慮しなければならない。人の精神にとって、宗教に近いほどの意義を自然が持っていることを考える必要がある——こうした新しい姿勢を取り入れることは、人類にとって多大な意味があるのだ、と。このように、宇宙的な面の一部は、自然に対する人の姿勢を指している。だが、それだけではない——これは単に望遠鏡から覗く宇宙や、夜空を眺めて知る宇宙とは違う。それ以上の根本的なものがあると、私は思っている。限界を超えた何かが、有限ではない何かがあるはずだ。

一般的な社会に暮らしていると、人は財産や祖国、あるいは何であれ、自分がやっていることに重点を置くだろう。人には優先権を与えるさまざまなものがあり、他の人たちはまた別のものに優先権を与える。しかし、そうしたものだけを最優先すれば、無限の可能性があるものに重点を置くことができなくなる。無限のものなどありえないと、脳は巧みに告げている。だが、参加型の見解はこう告げる。万物の根拠となる、無限のものが我々にはある――人間の真なる存在は無限なのだと。すると疑問が湧いてくるだろう――真なる存在に実際に接したとき、それに気づく可能性はあるのだろうか？　誰もがこの疑問の意味を知っていると私は思う。人類は長い間にわたって、実に多様な方法でこの疑問を検討してきたのである。

もっとも、文明における思考の構造の中には、人がすべてを知ることができ、すべてを管理できると、主張するものがあるようだ。とはいえ、こう尋ねるべきである。万物を知ることが可能だというのは、思考の性質に存在しているだろうか？――思考は抽象的なものだから、本質的に限界があるのではないか？　別の言い方をしてみよう。思考の全分野――経験、知識、暗黙の思考――は限界があるものではないか？　思考には限界がないと考える文化は多いだろう。何が起きようと、思考や知識、応用のスキルなどを通じて取り組めば、対処できるという想定があるのだ。さて、こうした想定は、潜在的な暗黙の思考に入り込む――つまり、何が起きようと、人は考えていくものだということを意味している。そうした想定の活動は非常に力強い――それは普遍的な「あらゆるもの」に関する想定である。実に強力で大変な価値があり、間違いなく「機能する」だろう。ほとんどどんなものにも優先するという傾向がある。その結果、人はあらゆることについて、無意識に考えている自分に気づくだろう。思考とは、単に可能なだけのものではなく、多少は関連するどころか、唯一の道であることを想定が告げているからだ。

しかし、思考の領域には限りがあると、私は言いたい。また、思考には「無限の」部分もあり、それが有限なものを含んでいると考えられることも言っておこう。この「無限」のものはただ宇宙の果てまで、どこまでも進んでいくだけではない。さらに重要なことだが、いっそう複雑な存在にもなっていくのだ。しかし、前にも見てきたように、人の注意力にはえてして限りがある。どんなものに価値があるか、どんな価値に関心を向けるべきかという、暗黙的な思考によって。もし、あるものに注意を払っていなければ、それを認識していないことになる——関心を払わない限り、事物は存在しない。しかし、注意力とは、本質的に制限されるものではない——それは拡大し、いかなる形にもなりうる。いわば注意力は、有限のものと無限のものとをつなぐ役目を果たしているのだろう——少なくとも、その可能性はある。たとえば集中力のように、有限な注意力もないわけではない。また、無限のものも存在する——根本的な注意力である。そうした注意力を通じて、我々は「内蔵秩序」[★1]のさらに精妙な段階へと進むことができる——全体的なプロセスのもっと一般的な段階へ。こうした一般的な段階では、どの人の意識もさほどの差はない。意識の根本となる、そのような潜在的な暗黙の思考は誰もが共有している。

脳の機能の一部は、もっと鋭敏さを必要とする段階の事物に敏感かもしれない。となると、脳はそういったものを拾い上げるためのアンテナとしてさらに機能するだろう。単に行動を起こさせる「提唱者」としての働きをするだけではなく。自身の内部に存在する目標のみに従っている限り、脳はふさがれた状態である。それはある状況においては必要なことだろう。しかし、無限のものに達することや触れることも必要だと思うなら、脳は沈黙の状態にならなければならない――つまり、ふさがれていない状態になるべきなのだ。

人の経験の大半は、「内蔵秩序」の中に存在すると私は考えている。だが、「内蔵秩序」に価値を置くべきではないと、我々は社会を通じて学んできた。主要な価値は、詳細に説明された「顕前秩序[★2]」に置くべきであると。それは人が通常、心に抱いている目的――生計を立てるとか、あれやこれをするといった場合――には役立つのだが。というわけで、我々はどこかに、いわば「空いた時間（leisure）」を持てるような場所を作る必要がある。「leisure」は「空《から》の」という意味の言葉から発生している。つまり一種の空のスペース、時間や場所から自由な空間を持ちたい。そこでは人の脳を占めるものは何もない。まずは、気をそらされるものが最小限しかない場所で、自然を見ることから始めるといいだろう。その後、互いを信用し合い、正しい仲間意識の精神を持ったグループであれば、対話の中に何かしら価値あるものが現れてくるかもしれない。

もし、このようなことを本当に理解できる人が多数いるなら、大勢に影響を及ぼすだろう。どれほどの衝撃を与えるかはわからないが、可能性は確かにある。現在は、人類についての冷笑的で悲観的な見方が盛んである。それは的を射ていないわけではない。だが、こういったシニシズムは、ともすれば誤ったものになりがちだ。人類には多大な可能性があるが、どちらかと言えば些細な事柄に台無しにされているのだ。

こうしたあらゆる事物の根本をつかむことは、誰にとっても必要である。我々には変革を起こせそうなものが備わっているかもしれない。それは熱意とエネルギー次第だ。鍵となるのは、こうした全体的な事柄に注意を払うことだろう。しかし、あるものに充分な注意を向けても、何か問題が起きると、すべてが失敗するように思われる。その時点で自分を非難する代わりに、そのような邪魔がプロセスの一部に入り込んだ理由を探らねばならない。邪魔なものを研究することは、学習プロセスの一部である。静かな場においてと同じように、気を散らされる場でも、そうしたことを理解するのは重要だ。充分に強くなれば、気が散るような環境の中でも、人は揺るぎなく立っていられるだろう。やがて十二分に強くなった人間は、無限のものに目を向け始めるはずだ——だが、無限のものは非常に強力なので、あまり早く見すぎると、気をそらされてしまうだろう。

個人的にも集団的にも、意識の変革が起きる可能性があると、私は思っている。個人と集団の双方に起きるという点が重要だ——どちらが欠けてもならない。したがって、こうしたすべての問題——コミュニケーション、対話する能力、コミュニケーションに参加する能力——がきわめて重大なのである。

★1　織り込まれた秩序。目に見える現象を超越した、より根源的レベルにある全体性のこと。

★2　開かれた秩序。人の目に見える部分として立ち現れる宇宙。

訳者あとがき

対話《ダイアローグ》とは何か――改めてこう尋ねられたら、その意味を正確に把握していないことに気づく人が多いのではないだろうか？　人と人とをつなぐこの行為は人類の出現以来、絶えず続いている。対話の方法を教える、と銘打った書は枚挙に暇がない。しかし、その大半が小手先のスキル、単なる方法論を語ったものにすぎず、対話の本質をとらえてはいない。本書は物理学者のデヴィッド・ボームが、対話の原点を語ったものである。

詳しくは本書を読んでいただくことになるが、ボームによれば、対話とは相手を説得するのではなく、共通理解を探し出す行為だという。地球上のさまざまな問題の根源は、対話が的確にできない現状にあるとボームは主張する。意志の疎通が不可能なことが、テロリストを生み出し、戦争を起こし、環境問題の要因ともなっている、と。人類の抱える問題はすべて、対話が困難なところに原因があるのではないかという指摘には、はっとさせられるだろう。コミュニケーションツールも移動手段も発達した現在だが、かえって対話の機会が失われているようである。たとえば、用件の伝達はメールだけで可能だと考える人は多くなっている。家にいながらにして、必要な情報も瞬時に入手できる。直接顔を合わせて対話する頻度は減っているのだ。ボームの懸念した問題が、ますますその度合いを高めていくのではと危惧される今、対話とは何かを改めて考えることが必要だろう。

ここで、著者のボームについて少しご紹介しよう。デヴィッド・ボームは一九一七年に米国のペンシルバニア州で、ハンガリー系の父とリトアニア系の母のユダヤ系家庭に生まれた理論物理学者である。物理学界では、アハラノフ＝ボーム効果によって、その名がよく知られている。アルベルト・アインシュタインと研究をしたこともある、物理学の大立者だが、ニュー・サイエンスの唱道者でもあった。一九九二年に七十五歳で亡くなるまで、自然科学の分野だけでなく、心理学、環境学、宗教学など多様な学問に影響を与え続けた。また、インドの教育者で哲学家でもあったJ・クリシュナムルティや、ダライ・ラマなどとも交流があった。クリシュナムルティとの対話集も邦訳されている。

本書はこうしたボームの深い学問的知識を背景にして語られているため、彼の思想の中枢を成す用語がいくつか出てくることをお断りしておきたい。訳者もそうであるが、物理学に馴染みの薄い読者には耳慣れない言葉もあると思われる。ボームが語る「内蔵秩序」と「顕前秩序」、「断片化」といった概念は、とても一言で説明できるものではない。そこで、注は最小限にとどめ、なるべく専門的な用語を避ける方針をとった。ボームの理論に興味を感じた読者には、ぜひ『全体性と内蔵秩序』（青土社）、『断片と全体』（工作舎）といった本を手に取って、彼の思想に触れていただきたい。その後、また本書を読むと、ボームの提唱した対話の概念は、深い思想に裏打ちされていることがいっそう理解できると思われる。

ところで、本書に序文を寄せているピーター・M・センゲは、経営論やリーダーシップ論の分野で革新的な論者である。彼の「学習する組織《ラーニング・オーガニゼーション》」の概念は有名だが、その中の「チーム学習」のための具体的な方法論は、ボームの「対話《ダイアローグ》」の考え方の影響を受けている。ボームの唱道した理論は現代の識者たちに受け継がれているのである。この本が、ボームの深遠な理論に触れ、真の意味での対話を目指す一助になればと願っている。

最後に、本書を訳出する上で助言をいただいたすべての方々にお礼を申し上げたい。また、編集にあたって、大変お世話になった高野達成氏にも厚くお礼を申し上げる。ありがとうございました。

二〇〇七年八月　金井真弓

●著者
デヴィッド・ボーム（David Bohm）
1917 ～ 1992 年。物理学者。ペンシルバニア州立大学卒業、カリフォルニア大学バークレー校で理論物理学の博士号を取得。量子力学の世界的権威として知られる他、人類と自然の調和、全人類の融和などをテーマとする哲学的思索でも名高い。著書に『全体性と内蔵秩序』（青土社)､『断片と全体』（工作舎）などがある。

●訳者
金井真弓（かないまゆみ）
税理士事務所、損害保険会社などで勤務後、フリーの訳者として独立。主な訳書にC・クラーク・エプスタイン『戦略的質問 78』、バーバラ・カサニ『go to survive　夢を追った航空会社 1500 日戦争』、バリー・J・ギボンズ『みんな変わり者だった』（いずれもディスカヴァー・トゥエンティワン)、リチャード・コッチ『戦略集中講義』（英治出版)、ビル・マクファーラン『自分をうまく伝える 15 の方法』（オープンナレッジ）などがある。

● 英治出版からのお知らせ
本書に関するご意見・ご感想をE-mail（editor@eijipress.co.jp）で受け付けています。
また、英治出版ではメールマガジン、Webメディア、SNSで新刊情報や書籍に関する記事、イベント情報などを配信しております。ぜひ一度、アクセスしてみてください。

メールマガジン：会員登録はホームページにて
Webメディア「英治出版オンライン」：eijionline.com
Twitter / Facebook / Instagram：eijipress

ダイアローグ

対立から共生へ、議論から対話へ

発行日	2007年10月10日　第1版　第1刷
	2023年 8月10日　第1版　第14刷
著者	デヴィッド・ボーム
訳者	金井真弓（かない・まゆみ）
発行人	原田英治
発行	英治出版株式会社
	〒150-0022 東京都渋谷区恵比寿南1-9-12 ピトレスクビル4F
	電話　03-5773-0193　　FAX　03-5773-0194
	www.eijipress.co.jp
プロデューサー	高野達成
スタッフ	藤竹賢一郎　山下智也　鈴木美穂　下田理　田中三枝　平野貴裕
	上村悠也　桑江リリー　石﨑優木　渡邉吏佐子　中西さおり
	関紀子　齋藤さくら　荒金真美　廣畑達也　木本桜子
印刷・製本	中央精版印刷株式会社
装丁	重原隆

ISBN978-4-86276-017-3　C0036　Printed in Japan